コ cocomiru

鹿児島

霧島 指宿

屋久島

すてきな思い出
つくりましょ♪

鹿児島本港側から見た桜島フェリーと桜島（☞P44）

歴史と自然とグルメの町
薩摩へ「おじゃったもんせ」

左：鹿児島ラーメン 豚とろ 天文館本店（☞P64）の豚とろチャーシュー麺／右：Festivalo16（☞P72）のベイクドスイーツ
下左から名勝 仙巖園（☞P38）の御殿／旧鹿児島紡績所技師館（異人館）（☞P40）／西郷隆盛銅像（☞P32）

2

上：島津薩摩切子ギャラリーショップ 磯工芸館（☞P41）／右上：薩摩切子

隣接する薩摩切子工場
では製造工程の見学も

島津家のお庭でくつろぎ、
雄大な桜島を見た後は
地元のグルメを堪能！！

天文館むじゃき本店
（☞P66）の白熊は
見て、食べて楽しみたい

正調さつま料理
熊襲亭（☞P62）
のキビナゴの刺身

黒豚料理あぢもり
（☞P60）の黒しゃぶ

下左：遊食豚彩いちにいさん天文館店（☞P61）の蒸ししゃぶ／右：BAR S.A.O（☞P69）

コスモスが満開の生駒高原（☞P88）

鹿児島県立霧島アートの森（☞P96）に展示の草間彌生の作品

上：スタジヲもみの木（☞P91）のテラス席
左：きままな台所（☞P90）の森のワンプレートランチ

霧島・指宿・知覧

お湯に浸かったり、砂に癒やされたり
大自然の中でリラックスしましょう。

指宿名物・砂むし温泉（☞P102）

天孫降臨の地・霧島神宮（☞P86）

下左:忘れの里 雅叙苑（☞P93）のお風呂リビング／右:知覧武家屋敷庭園群（☞P110）

白谷雲水峡(☞P120)の人気スポット・苔むす森

屋久島

世界遺産の島の神秘の森は
心も体も癒やしてくれます。

左:屋久島の固有種・ヤクシカ
右:屋久島には約700種の
苔が生息している

ウィルソン株から見える
ハートの空洞(☞P119)

sankara hotel&spa 屋久島(☞P126)

屋久島の食材を楽しめる
レストラン パノラマ(☞P124)

鹿児島ってどんなところ?

島を含めると南北に約600km
桜島、屋久島など、みどころが豊富です

南に連なる島々を含め、南北に長い鹿児島県。そのため、風土や文化、話し言葉まで多種多様でバラエティに富んでいます。また、活発に小規模噴火を繰り返す活火山・桜島（☞P44）や世界自然遺産・屋久島（☞P116）といった、世界でも珍しい大自然に出合えるのも魅力です。

長島美術館（☞P56）から見た
鹿児島のシンボル・桜島（☞P44）

鹿児島市維新ふるさと館
（☞P54）周辺は、鹿児島
市内きっての桜の名所

おすすめシーズンはいつ?

初夏、秋は霧島・屋久島
冬なら指宿がオススメです

新緑や紅葉など、自然美を堪能できる霧島・屋久島は、初夏、秋に。冬は、南に位置する指宿へ。満開の菜の花が出迎えてくれます。鹿児島タウンでは、夏場は風向きの関係で桜島の降灰を浴びることもありますが、観光や交通機関への影響はほとんどないので、安心して楽しんでください。

鹿児島へ旅する前に
知っておきたいこと

自然、グルメ、温泉、景観、歴史、そしてあたたかな
もてなしの精神。九州本土の南の端は、
訪れる人々を惹きつけてやまない魅力の宝庫です。

どうやって行く?

飛行機でも新幹線でも！
プランに合わせてチョイスして

関東方面からは飛行機、関西方面からなら飛行機や新幹線が一般的（☞P128）。鹿児島空港から鹿児島市内、霧島、指宿へは空港連絡バスが運行、指宿は鹿児島中央駅からJRで移動する方法もあります。屋久島行き高速船ターミナルへも空港からバスが出ています。鹿児島空港と成田、関西間はLCCが就航しているので、気軽にアクセスできます。

九州新幹線で運行されている800系

市内観光にどのくらいかかる?

鹿児島タウンだけなら1日
桜島まで行くなら余裕をみて1泊

鹿児島中央駅発着で観光地を周遊する循環バスが2社、運行しています。これを利用すればメジャー一級のスポットは制覇できるので、「鹿児島は初めて」という人にはおすすめです。観光の後は、鹿児島一の繁華街・天文館を散策。黒豚や白熊など、「鹿児島ならではのグルメ」を楽しみましょう。

天文館むじゃき本店の
マスコット・白熊くん（☞P66）

鹿児島観光で訪れたいのは?

桜島、仙巌園、西郷隆盛銅像
３つの“Ｓ”を巡りましょう

桜島、仙巌園、西郷さん。みどころいっぱいの鹿児島ですが、必ず訪ねておきたいのがこの3つ。鹿児島のシンボル・桜島（☞P44）、島津のお殿様の別邸・仙巌園（☞P38）、西郷さんの大きな銅像（☞P32）。これらを見ずして「鹿児島に行ってきました」なんて言えません。

高さ8mの西郷隆盛
銅像（☞P32）

もう少し足を延ばすなら?

温泉を楽しむなら霧島・指宿 知覧の武家屋敷もおすすめです

リフレッシュしたいなら、鹿児島タウンを北上して霧島（☞P84）へ。あの坂本龍馬も訪れた温泉地へ行きましょう。砂むし温泉体験や武家屋敷が見たいなら、南下して指宿・知覧（☞P100）へ。開聞岳（☞P106）までドライブしたり、知覧武家屋敷の庭園（☞P110）で和の美を感じたりするのもおすすめ。

薩摩富士とも称される
開聞岳(☞P106)

龍馬と妻・お龍の仲睦
まじい銅像(☞P87)

7カ所ある知覧武家
屋敷庭園(☞P110)

首まですっぽり砂を
かぶります

鹿児島らしい体験をするなら?

指宿に行って体験したい！ 砂で蒸される、砂むし温泉

温泉の熱で温められた砂の中に、すっぽり体を埋める、ユニークな砂むし温泉（☞P102）。まるで地球に抱かれているかのような心地よさに、ついウトウトしてしまうかも!?　入浴時間は約10分、たっぷりの汗と一緒に老廃物も出ていくので、美肌効果も期待できちゃう温泉です。

ぜひ味わいたいのは？

豊富な食材を駆使した薩摩料理
多彩な黒豚料理は必食です

豊かな風土に育まれた食材で作る薩摩料理（☞P62）は種類も豊富。キビナゴの刺身やさつま揚げ、豚骨など、素材を生かした料理がズラリと揃います。コクがあるのにあっさりした味わいの黒豚は、しゃぶしゃぶ、とんかつといった定番のほか、本場ならではの多彩なアレンジ料理が楽しめます。

全体的に甘めの味付けが多い薩摩料理。正調さつま料理 熊襲亭（☞P62）

鮮やかな色彩と繊細なカット、ぼかしが特徴の薩摩切子（☞P41）

鹿児島みやげは何がいい？

食べ物なら芋スイーツ
伝統工芸品は自分みやげに

鹿児島みやげの定番といえば、サツマイモ。スイーツ（☞P72）なら、唐芋レアケーキやかりんとう。お酒なら芋焼酎（☞P70）など、バラエティに富んでいます。自分の思い出の品には鹿児島の伝統工芸品（☞P76）を。白薩摩のコーヒーカップや切子ペンダントなど、一生ものとして購入してみては？

鹿児島の離島でおすすめは？

世界自然遺産の島・屋久島へ
のんびり島時間に身を委ねて

世界自然遺産に登録されている屋久島（☞P116）は、美しい自然で人々を魅了し続けています。特に悠久の歴史を感じる縄文杉（☞P118）は、往復10時間かけても見ておきたいパワースポットです。また、アニメ映画のモデルになったともいわれる、白谷雲水峡（☞P120）にある苔の森も、訪ねたい場所です。

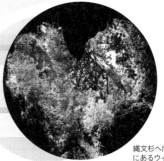

縄文杉へ向かう途中にあるウィルソン株（☞P119）

鹿児島県って こんなところ

グルメ、歴史、自然、温泉と、
いろいろな楽しみがある
鹿児島を紹介します。

鹿児島の観光地は 大きく4つのエリアです

鹿児島タウンを中心に、霧島、指宿・知覧、
そして屋久島が鹿児島の4大観光エリア。
鹿児島タウンを拠点に、鉄道やバスといった
公共交通機関が整備され、便数も比較的あ
るので移動もスムーズです。桜島へは、鹿児
島タウンの桜島桟橋からフェリーで15分。

観光の起点は 空港と鹿児島中央駅

空港から鹿児島タウン、霧島、指宿へ空港連
絡バスが運行。指宿は鹿児島タウンまでバス
で行き、鹿児島中央駅からJRで移動しても
いい。屋久島は空港から飛行機か、鹿児島タ
ウンから高速船やフェリーを利用して。

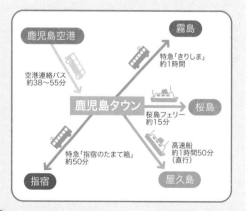

鹿児島空港

空港連絡バス
約38〜55分

特急「きりしま」
約1時間

鹿児島タウン

桜島フェリー
約15分

桜島

霧島

特急「指宿のたまて箱」
約50分

指宿

高速船
約1時間50分
（直行）

屋久島

かごしまたうん
鹿児島タウン　　　1

・・・P16

幕末維新時の歴史から鹿児島ならでは
のグルメまで、県庁所在地・鹿児島市
では、鹿児島の魅力がたっぷり堪能でき
ます。錦江湾に浮かぶ雄大な桜島も、忘
れてはならない鹿児島のシンボルです。

天草灘

上甑島

中甑島

尾岳

下甑島　甑島

ここをチェック
天文館 ☞P22
仙巌園 ☞P36
桜島 ☞P44
鹿児島中央駅 ☞P52

やくしま
屋久島　　　4

・・・P115

鹿児島から約65kmの沖合に浮かぶ島
で、世界自然遺産に登録されています。
白谷雲水峡は屋久島で一番の人気スポ
ット。縄文杉は幾千年にもわたり、森を
見守り続けてきた巨木です。森や海など、
自然とふれあうレジャーはもちろん、島
の味覚も逃せません。

東シナ海

ここをチェック
縄文杉 ☞P118
白谷雲水峡 ☞P120
和みカフェ ☞P121

N

0　　　20

霧島
きりしま

2

・・・P83

天孫降臨の神々を祀る霧島神宮をはじめ、パワーポットが点在。湯量豊富で質の良い温泉が多いことでも知られています。妙見温泉には、一度は泊まってみたい憧れの宿もあります。また、坂本龍馬ゆかりの地としても有名です。

ここをチェック 🖉
霧島神宮 ☞P86
えびの・生駒高原 ☞P88
妙見温泉の宿 ☞P92

指宿・知覧
いぶすき　ちらん

3

・・・P99

デトックス効果も期待できる砂むし温泉が、指宿の一番人気。江戸時代の面影を残す知覧は、武家屋敷と美しい庭園が残る、鹿児島の小京都です。九州最大のカルデラ湖・池田湖は、謎の珍獣・イッシーが生息するとも…。

ここをチェック 🖉
砂むし温泉 ☞P102　いぶたま ☞P104
池田湖 ☞P106　知覧武家屋敷庭園群 ☞P110

屋久島以外にも ／ **行ってみたい鹿児島の離島があります**

甑島
こしきしま
MAP 折込表A2〜3

東シナ海に浮かぶ、上甑島、中甑島、下甑島の3島からなる列島。荒波に削られた奇岩奇勝の絶景が楽しめ、高さ200mの断崖もあります。

種子島
たねがしま
MAP 折込表B6

屋久島の北東に位置する、ロケット発射場の種子島宇宙センターがある島。鹿児島タウンからは、フェリーや高速船を利用して行けます。

奄美大島
あまみおおしま
MAP 折込表A6

鹿児島県と沖縄本島のほぼ中間に位置する島。原生林が広く残り、2021年には世界自然遺産に登録されました。離島ならではの独特の文化も魅力です。

1日目

出発！

10:00 鹿児島中央駅

観光周遊バスや路面電車などの発着は、JR鹿児島中央駅の東口がメインです。

幕末期の薩摩を学ぶなら、鹿児島中央駅近くの鹿児島市維新ふるさと館（☞P54）へ。

12:00 天文館

鹿児島といえば黒豚料理（☞P60）。本場の味をランチで堪能しましょう。

かわいい

見た目もキュートなかき氷・白熊（☞P66）。甘ったるくなくて、おいしい！

14:00 城山

鹿児島の西郷隆盛銅像（☞P32）は、とっても凛々しい軍服姿をしています。

15:00 磯

島津の殿様の別邸・仙巌園（☞P38）。観光名所の一つで、みどころたっぷり。

すてき！

磯工芸館（☞P41）で薩摩切子を鑑賞。

旧鹿児島紡績所技師館、通称・異人館（☞P40）は、イギリス人技師の宿舎でした。

2日目

17:00 お宿

天文館通電停から近い、レム鹿児島（☞P80）にチェックインして夜の鹿児島へ。

18:00 天文館

食べましょ

今宵のディナーは、鹿児島の郷土料理（☞P62）と芋焼酎（☞P68）でキマリ。

9:30 鹿児島中央駅

話題の観光列車「いぶたま」（☞P104）で指宿へ向かいます。展望席も楽しい。

11:00 指宿

到着したらまず、名物の砂むし温泉（☞P102）へ入りに行ってみましょう。

2泊3日で
とっておきの鹿児島の旅

九州新幹線全線開業以降、ますます観光客で賑わう鹿児島。
タウン観光はもちろん、周辺観光地へのアクセスもグッと便利になりました。
2泊3日なら、鹿児島の魅力をたっぷり堪能できます。

縁結び！

17:00 お宿

フラワーパークかごしま（☞P107）で南国の花を観賞。

薩摩半島の最南端・長崎鼻（☞P107）に鎮座する龍宮神社で、縁結びを祈願！

ご当地グルメとして人気の温たまらん丼（☞P103）で、遅めのランチ。

指宿白水館（☞P112）に宿泊。砂むしだけでなく、温泉も楽しみです。

3日目

10:30 指宿駅　　　　　12:30 桜島

おいしい

「いぶたま」で鹿児島タウンへ。車内限定スイーツ（☞P105）は必食です。

鹿児島市街地からフェリーで約15分、ついに鹿児島のシンボル・桜島（☞P44）へ。

鹿児島県人のソウルフード「桜島フェリーのうどん」で軽く腹ごしらえ。

メジャースポットを巡るサクラジマアイランドビュー（☞46）で島内散策に出発。

16:30 鹿児島中央駅

到着ー！

北岳の4合目にある湯之平展望所（☞P48）から見る桜島は迫力満点です。

道の駅「桜島」火の島めぐみ館（☞P48）で桜島モチーフのおみやげをゲット！

観覧車アミュラン（☞P58）から見る鹿児島タウンと桜島を目に焼き付けましょう。

鹿児島中央駅構内のみやげ横丁（☞P58）で、買い忘れがないかチェック。

せっかく遠くへ
来たんですもの

4日目はひと足延ばしてみませんか？

薩摩の小京都
知覧に行くには

鹿児島中央駅から知覧特攻観音入口行きのバスを利用しよう。武家屋敷なら武家屋敷入口で、特攻平和会館なら終点で降りよう。（☞P108）

九州屈指の温泉郷
霧島へ行くには

霧島観光の拠点・JR霧島神宮駅には特急列車が運行している（☞P130）。駅から霧島神宮や霧島温泉郷方面へは路線バスを利用しよう。

ココミル✚
cocomiru

鹿児島

霧島 指宿

屋久島

Contents

●表紙写真
SANDECO COFFEE 数字カフェのフルーツ温泉しろくまの湯 (P67)、薩摩切子 (P41)、噴煙上げる桜島 (P46)、薩摩黒豚とんかつ専門店 黒かつ亭の黒ぶた侍 (P61)、屋久島の苔むす森 (P121)、サツマルシェ (P76)、生駒高原 (P88)のアイスランドポピー、屋久島ウィルソン株 (P119)、池田湖の菜の花 (P106)、城山の西郷隆盛銅像(P32)

〈マーク〉
- 観光みどころ・寺社
- プレイスポット
- レストラン・食事処
- 居酒屋・BAR
- カフェ・喫茶
- みやげ店・ショップ
- 宿泊施設
- 立ち寄り湯・スパ

〈DATAマーク〉
- ☎ 電話番号
- 住 住所
- ¥ 料金
- ⏰ 開館・営業時間
- 休 休み
- 交 交通
- P 駐車場
- 室 室数
- MAP 地図位置

中央公園そばの「西郷隆盛銅像」

「維新ふるさと館」で歴史をお勉強

「城山展望台」から望む桜島。ステキ！

「黒福多」の人気ヒレカツ

「魚庄」の活サバ刺身！食べたい

「平川動物公園」のホワイトタイガー

黒薩摩の黒ぢょかで焼酎を

世界遺産「旧鹿児島紡績所技師館
（異人館）」

絶景、名所、グルメ
鹿児島タウンを観光しましょう

西郷さんを見て、城山展望台に行って、仙巌園でのんびり。
観光の後は黒豚ランチや鹿児島ラーメンに舌鼓。
夜は天文館で焼酎を飲みながら居酒屋ナイト！
鹿児島って、観光もグルメもやることがいっぱいです。

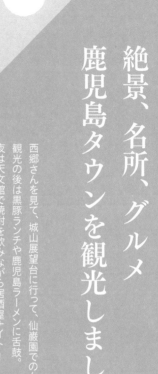

鹿児島の名物、黒豚料理

県内全域のみやげ物が揃う「かご市」

鹿児島タウンって
こんなところ

グルメやショッピングを楽しんだり、歴史が息づく
ビュースポットがあったり、行きたいところ満載。

観光のみどころは
6つのエリア

鹿児島タウン周辺には、市街地ならではの
駅ビルや商店街が立ち並ぶほか、歴史ある
観光スポットも点在。買い物やご当地グルメ
なら鹿児島中央駅、天文館、歴史散策なら
城山、仙巌園周辺、鹿児島らしさを体感する
なら、ひと足延ばして桜島へ…。アクセスも
抜群で、コンパクトかつディープに楽しめるこ
と請け合いです！

鹿児島に着いたらまず
観光案内所で
情報をチェック

鹿児島中央駅構内や中央駅近くにある観光
交流センターには観光パンフレットが揃い、
観光や交通の案内もしてくれます。

問合せ 鹿児島中央駅
　　　総合観光案内所
　　　☎099-253-2500
問合せ 観光交流センター
　　　☎099-298-5111

観光のはじめに、観光案内所で
情報を収集しよう

かごしまちゅうおうえきしゅうへん
鹿児島中央駅周辺　①

・・・P52

鹿児島のメインターミナル。駅ビルのア
ミュプラザ鹿児島には、市街地を一望
できる大観覧車も。

ここをチェック
鹿児島市維新ふるさと館
☞P54
長島美術館 ☞P56
観覧車アミュラン ☞P58

大阪からは九州
新幹線が便利

てんもんかん
天文館　②

・・・P22

鹿児島最大の繁華
街。デパート、ショッ
プ、レストラン、カフェ、
ナイトスポットなどが
混在しています。

鹿児島の郷土料理、きびなご
が食べられる店も多数

ここをチェック
よかど鹿児島 ☞P25
天文館むじゃき本店 ☞P66
焼酎ナイト ☞P68

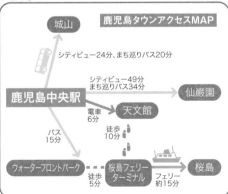

鹿児島タウンアクセスMAP

城山

シティビュー24分、まち巡りバス20分

鹿児島中央駅

シティビュー49分
まち巡りバス34分 → 仙巌園

電車
6分 → 天文館

バス
15分

徒歩
10分

ウォーターフロントパーク ・・・ 桜島フェリー
ターミナル

徒歩
5分

フェリー
約15分 → 桜島

しろやま
城山 ③

・・・P32

西郷隆盛ゆかりの歴史スポット。今は、桜島と錦江湾を望むビューポイントとしても有名です。

ここをチェック
西郷隆盛銅像 ☞P32
照國神社 ☞P32
城山展望台 ☞P33

城山から見る鹿児島市内の夜景

せんがんえんしゅうへん
仙巌園周辺 ④

・・・P36

島津家の歴史を刻む名勝庭園や近代化遺産の名残である尚古集成館など、歴史好き必見のエリア。

ここをチェック
名勝 仙巌園 ☞P38
旧鹿児島紡績所技師館（異人館）☞P40
尚古集成館 ☞P41

0 ▲ N 500m

薩摩川内へ
玉里公園
・旧島津氏玉里邸庭園
鹿児島神社
🏛護国神社
南洲公園
西原商会アリーナ
夏蔭公園
西郷洞窟
城山公園
城山 ③
鹿児島城（鶴丸城）跡
・鹿児島市立美術館
・黎明館
・照國神社
鹿児島中央駅周辺 ①
日枝神社
九州新幹線
川内駅へ
鹿児島IC
鹿児島中央駅
・長島美術館

始良駅へ
尚古集成館
名勝仙巌園
日豊本線
島津薩摩切子 ギャラリーショップ
磯工芸館
・旧鹿児島紡績所技師館（異人館）
發照寺
鹿児島市
磯天神菅原神社
日向街道（磯海岸）
④ 仙巌園周辺
多賀山公園
鹿児島駅
祇園之洲公園
⑤ ウォーターフロントパーク
桜島フェリーターミナル（鹿児島港）
鹿児島港
・いおワールド かごしま水族館
北ふ頭旅客ターミナル
鹿児島本港
・南ふ頭旅客ターミナル
種子・屋久高速船旅客ターミナル
天文館公園
東本願寺鹿児島別院
市電（2系統）
市電（一系統）
② 天文館
鹿児島新港
南鹿児島駅へ
二中通電停へ

鹿児島湾（錦江湾）
桜島フェリー
桜島 ⑥
桜島自然恐竜公園
桜島港
桜島港フェリーターミナル
・桜島ビジターセンター
・桜島溶岩グラウンド
桜島総合体育館
「桜島」火の島めぐみ館
遊歩道溶岩なぎさ
烏島展望所
赤水・古里温泉へ

うぉーたーふろんとぱーく
ウォーターフロントパーク ⑤

離島へのフェリーが行き交う鹿児島本港に隣接する公園で、四季折々に多彩なイベントを開催。周辺にはかごしま水族館もあります。

水族館の前ではイルカのパフォーマンスも！

さくらじま
桜島 ⑥

・・・P44

鹿児島のシンボルである活火山。市街地からフェリーでわずか15分という近距離にあるんです。

ここをチェック
桜島溶岩なぎさ遊歩道 ☞P46
湯之平展望所 ☞P48
黒神埋没鳥居 ☞P49

活火山として噴煙を上げる

周遊バスを上手に使って
鹿児島タウン一日観光に出発!

鹿児島市内の観光スポット巡りに便利なカゴシマシティビュー。
乗り降りしながらタウンの主な観光地を巡ることができます。

レトロでキュート!

かごしましていびゅー
カゴシマシティビュー

観光スポットに楽々アクセス

城山展望台や名勝 仙巌園など、鹿児島タウンの主要観光地巡りにオススメの観光周遊バス。レトロな路面電車をイメージしたバスと海やイルカをイメージしたバスが運行中。8時30分の鹿児島中央駅発から1日19便、30分間隔で出発している。市電や市営バスに利用できる1日乗車券が便利。☞P130

問合せ　鹿児島市交通局バス事業課
☎099-257-2117

運賃

1回乗車代	190円
1日乗車券	600円

ほかにもあります

タウン観光だけなら「まち巡りバス」も

鹿児島中央駅前発着で城山展望台や名勝 仙巌園など、カゴシマシティビューとほぼ同じコースを巡る。一周の所要時間約1時間。※2023年1月現在、運休中。再開未定

問合せ　鹿児島交通鹿児島営業所
☎099-247-2334

運賃

1回乗車代	1日乗車券
170円	500円

桜島も観光するなら「キュート」がお得

市営バス、市電、桜島フェリーが利用できる共通利用券。「カゴシマシティビュー」「市電」のほか、桜島へ渡る「桜島フェリー」(☞P44)、桜島の観光スポットを巡る「サクラジマアイランドビュー」(☞P46)などに利用できる。

購入　鹿児島中央駅総合観光案内所(☞P18)、鹿児島市観光案内所など

1日乗車券	2日乗車券
1200円	1800円

※1日乗車券、キュート1日・2日乗車券は市電、市営バスも利用可

バス停維新ふるさと館
(観光交流センター)前から徒歩1分

かごしましいしんふるさとかん
① 鹿児島市維新ふるさと館

🔍みどころポイント

薩摩の歴史、西郷隆盛など、鹿児島が生んだ幕末の偉人たちについて学べるスポット。☞P54

バス停西郷銅像前からすぐ

さいごうたかもりどうぞう
② 西郷隆盛銅像

🔍みどころポイント

軍服姿でキリリとした表情の西郷隆盛。国道を挟んだ向かいには記念撮影に最適な広場もある。☞P32

バス停仙巌園(磯庭園)前からすぐ

めいしょう せんがんえん
⑥ 名勝 仙巌園

🔍みどころポイント

桜島や錦江湾を望む美しい島津家の別邸。仙巌園を含む「旧集成館」が世界遺産に登録されている。☞P38

バス停石橋記念公園前からすぐ

いしばしきねんこうえん
⑦ 石橋記念公園

🔍みどころポイント

かつて甲突川に架けられていた五石橋のうち、西田、高麗、玉江の三橋を移設保存する公園。☞P49

夜景コースで夜さんぽはいかが？

1・8・12月は金・土曜、それ以外の月は土曜運行（5月3〜5日、8月13〜15日も運行）で1日2便、12月は4便。夜景コース専用1日乗車料は200円。市電・市営バス1日乗車券やキュートも利用可。☎099-257-2117（鹿児島市交通局バス事業課）

鹿児島タウン●周遊バスを上手に使って 鹿児島タウン一日観光に出発！

❓バス停西郷洞窟前からすぐ

3 さいごうどうくつ
西郷洞窟 ……

💧みどころポイント
西南戦争の終盤に官軍に追いつめられた薩軍が立てこもった洞窟。意外と狭いことに驚くかも。☞P33

❓バス停城山から徒歩3分

4 しろやまてんぼうだい
城山展望台

💧みどころポイント
桜島と鹿児島市街地を見渡せる。ここから見る夜景もおすすめ。☞P33

❓バス停西郷南洲顕彰館（南洲公園）前からすぐ

5 なんしゅうこうえん
南洲公園

💧みどころポイント
西南戦争の薩軍戦死者が眠る南洲墓地、西郷隆盛を祀る南洲神社、そして西郷隆盛についてジオラマや資料で学べる西郷南洲顕彰館がある。高台にあり、桜島がきれいに眺められる。

☎099-298-5111（観光交流センター）🏠鹿児島市上竜尾町2-1 💴🕘休園内自由 🅿50台 MAP P134C2 ※西郷南洲顕彰館は💴200円 🕘9〜17時 休月曜（祝日の場合は翌日）🚌バス停西郷南洲顕彰館（南洲公園）前からすぐ 🅿50台

❓バス停かごしま水族館前（桜島桟橋）からすぐ

8 いおわーるど かごしますいぞくかん
いおワールド かごしま水族館

💧みどころポイント
かごしま近海の生き物たちを展示。黒潮大水槽のジンベエザメやイルカが人気。☞P28

凡例
━━ カゴシマシティビュー
━━ JR線
━━ 市電

N
400m

 いおワールド かごしま水族館（☞P28）の「水族館の果実堂」では、絶景を見ながらオリジナルのパフェが楽しめます。

21

これしよう!

名物のかき氷・白熊を食べよう

鹿児島といえば白熊といわれるほど有名なかき氷を実食しよう (☞P66)

これしよう!

夜の天文館で本場の焼酎を堪能

居酒屋では、おいしい料理とさまざまな焼酎に出合えるはず (☞P68)

これしよう!

鹿児島で一番の繁華街・天文館へ

中心街として、人気ショップやスイーツなどの旬な情報を発信 (☞P26)

歴史ある、鹿児島随一の繁華街を歩く

天文館
てんもんかん

鹿児島の代名詞「白熊」は天文館で食べられる(☞P66)

天文館はココにあります!

仙巌園

鹿児島駅

城山

天文館

鹿児島中央駅

桜島

access

●鹿児島中央駅から
鹿児島中央駅前電停から鹿児島駅行き市電で8分、天文館通電停下車すぐ。またはその先2分、いづろ通電停下車。

●鹿児島中央駅バスターミナル東4番から
カゴシマシティビューで9分、バス停天文館下車すぐ

問合せ
☎099-298-5111
(観光交流センター)

こんなところ

鹿児島随一の繁華街といえば、やっぱり天文館。電車通りから北側はデパートやショップ、カフェなどが集まるアーケード街、南側は日が暮れるにつれて活気づく飲食店街…と、街の雰囲気も異なります。鹿児島グルメの名店も多く、鹿児島タウンの観光には欠かせないエリアです。

～天文館 はやわかりMAP～

七味小路・グルメ通りもおすすめです。テンパーク通りから横道に入ると人気のショップが、ずらり。

地元デパートものぞいてみよう
山形屋は、さつま揚げに芋焼酎など、鹿児島みやげの宝庫！

天文館

- 照國神社
- 照國文庫資料館
- 西郷隆盛銅像（☞ P32）**2**
- 県立博物館
- 仙厳園へ
- 10
- 西郷銅像前
- 宝山ホール
- 中央公園
- 鹿児島東局
- 3
- 三平らーめん・照國本店
- 照國通り
- ▲ザビエル教会新聖堂
- 千石馬場通り
- ザビエル公園前
- ザビエル公園
- 七味小路
- セピア通り
- グルメ通り
- 西本願寺鹿児島別院
- 58
- ホテル＆レジデンス南洲館
- テンパーク通り
- 225
- 朝日通電停
- 朝日通電停
- 山形屋
- 天神びらもーる
- 示現流兵法所・史料館
- 照国神社前通り局
- **3** よかど鹿児島（☞ P25）
- 金生町
- 金生町
- 遊食豚彩いちにいさん天文館店（☞ P61）**1**
- 天文館跡の碑
- にぎわい通り
- 天文館果実堂
- いづろ通電停
- FRUIT shop KAKOI
- 鹿児島中央駅前電停へ
- 高見馬場
- ラーメン専門店こむらさき
- 観光物産館池畑天文堂
- 天文館薩摩蒸氣屋菓々子横丁
- レム鹿児島
- 天文館
- 天文館通電停
- 天文館
- 市電（1・2系統）
- いづろ
- 大国主神社
- 高見馬場
- センテラス天文館・
- いづろ
- いづろ
- 歓楽街の入口 G3アーケード
- 日暮れから賑わいだす千日・山之口町へは、ここを起点に。
- 文化通り
- 黒福多
- G3アーケード
- **4** マルヤガーデンズ（☞ P25）
- 揚立屋 天文館店
- 天文館むじゃき本店（☞ P66）**5**
- 照國通り
- **観光のヒント** 全天候型のアーケードが便利
- 雨の日はもちろん、桜島の降灰がある日も、天文館通電停を中心にアーケードでつながる商店街は快適に買い物ができる。
- 0　100m
- 南鹿児島へ
- 大門口通り

おすすめコースは

3時間30分

黒豚ランチでお腹いっぱいになったら、軍服姿の西郷さんとご対面。その後は鹿児島モチーフのおみやげを探しながら散策。鹿児島の名物スイーツ・白熊を食べるのもお忘れなく。

スタート		**1** 食べる		**2** 見学		**3** 買う		**4** 買う		**5** 食べる		ゴール
天文館通電停	▶ 徒歩3分	遊食豚彩いちにいさん天文館店	▶ 徒歩7分	西郷隆盛銅像	▶ 徒歩9分	よかど鹿児島	▶ 徒歩4分	マルヤガーデンズ	▶ 徒歩3分	天文館むじゃき本店	▶ 徒歩3分	天文館通電停

食べる、買うetc.…押さえておきたい
天文館の4大ランドマークをチェック

鹿児島最大の繁華街・天文館で地元っ子お気に入りのランドマークをご紹介します。
2022年オープンのセンテラス天文館にも注目です。

▼天文館アーケードに隣接し、アクセスも抜群

せんてらすてんもんかん
センテラス天文館

グルメやショップ、ホテルがひとつに！

天文館の中心地に誕生したグルメとショップの複合施設。南九州や奄美地方の味覚を楽しめるレストラン、九州・鹿児島初出店のショップなども集結。1階には観光案内所、上階にはホテルや桜島が見える展望スペースもある。

☎099-221-1001 ⏺鹿児島市千日町1-1 🕐ショップ10〜20時、レストラン11〜23時※店舗により異なる 🏠無休 🚋天文館通電停からすぐ Ⓟ440台 ⓂＡＰP137D3

ココCheck!

1階
ぼくじょうからのおくりもの ひらまつ
牧場からのおくりもの ひらまつ

牧場人が手がけるデリカテッセン。弁当や惣菜など、ご飯ものが揃う。
☎099-294-9195

直営牧場の精肉も販売

4・5階
かごしましりつてんもんかんとしょかん
鹿児島市立 天文館図書館

テーブル席やソファ席など約250席を備えるほか、カフェも併設。観光途中のひと休みにもおすすめ。
☎099-295-0001

明るく開放感があふれる館内

15階
おにくとわいん くろのす
お肉とワイン 黒ノ壽

15階の展望レストラン。鉄板焼席とダイニングホール席に分かれ、ブランド肉を堪能できる。
☎0570-07-4680
（城山ホテル鹿児島予約センター）

鉄板焼の梅コース 城山牛ステーキ（ヒレLorサーロイン）80g1万5730円〜

やまかたや
山形屋

グルメもみやげもおまかせ！
鹿児島の老舗デパート

宝暦元年（1751）創業。鹿児島自慢の名産品が揃うふるさとのデパート。地階食品フロアではかるかん、さつま揚げ、黒豚など鹿児島ならではのみやげが手に入る。

☎099-227-6111 ⏺鹿児島市金生町3-1 🕐10〜19時 🏠1月1日、ほか店休日あり 🚋朝日通電停からすぐ Ⓟ有料830台（2000円以上の買物で2時間まで無料）ⓂＡＰP137E2

ココCheck!

2号館1階
やまかたやのやきいもやさん
山形屋の焼いも屋さん

鹿児島県産の芋を使った焼き芋を販売（焼き芋の品種は仕入れにより異なる）。焼き芋のソフトクリームも人気。☎099-227-6423

街歩きのお供にいかがが？

よかど鹿児島

<small>よかどかごしま</small>

南九州の「よかもん」を集めた 完全キャッシュレスの施設

鹿児島銀行の本店・別館ビル1・2階に南九州のよかもん（いいもの）を揃えた商業施設。本店ビルはみやげによさそうな商品を扱うショップ、別館ビルは飲食店メインで構成されている。本店と別館は2階の上空通路でつながっているので回遊性も申し分なし。両館とも完全キャッシュレス決済なのもお忘れなく。

☎099-239-5566 🏠鹿児島市金生町6-6（別館は🏠鹿児島市泉町3-3）🕐10～20時（本店V別館は🕐1階11～22時、2階11～21時）※変動あり、店舗により異なる 🏠第2火曜 🚃朝日通電停から徒歩1分 🅿有料（かぎんタワーパーキング利用） MAP P137E2

▲本店の1階中央はイートインスペースとして開放されている ▲隣り合わせで立つ別館ビル。銀行ビルの中に商業スペースがあるのは全国的にみても珍しいとか

ココCheck!

本店1階

kinoto Yakushima

<small>きのーと やくしま</small>

世界自然遺産の島「屋久島」の特産品や、屋久杉の製品を扱うセレクトショップ。樹齢1000年以上の屋久杉にレーザーで名入れした世界に一つだけの商品も販売する。
☎099-248-8576

木のぬくもりが感じられる店内で、屋久島の魅力を発信

別館2階

うなぎの泉家

<small>うなぎのいずみや</small>

全国一の生産量を誇る鹿児島のウナギ。なかでも脂のノリがよく、身の締まった大隅産は特においしいと評判。そのうなぎをうな丼880円～と手頃な価格で提供している。
☎099-295-3770

香ばしい香りが食欲をそそる、うな丼(松)2680円

ココCheck!

7階

屋上庭園ソラニワ

<small>おくじょうていえんそらにわ</small>

7階の約半分を屋外エリアが占め、多くの植物や水盤のある屋上庭園が楽しめる。買い物の合間の休憩所のほか、市民憩いの場となっている緑のオアシス。

休憩スポットとして自由に利用できる

2階

Café NorieM 鹿児島店

<small>かふぇ のりえむ かごしまてん</small>

調味料にも黒酢や米酢を使うなど、健康を考えた料理を楽しめる。メインを3種類から選べる一汁三菜のおひるごはん1210円が人気。
☎099-223-6063 🕐11～19時LO（ランチは～15時LO、ドリンクは19時30分LO）

これが一汁三菜のおひるごはん。栄養バランス◎

▲ツタが茂るインパクト大の外観が目印

マルヤガーデンズ

<small>まるやがーでんす</small>

地元の若者や観光客に支持される 人とモノをつなぐ「買い物集合場所」

ファッション、コスメ、雑貨、書籍、レストラン、食料品、映画館など約70の店舗が入る複合施設。人とモノをつなぐ場でありたいとの思いから、館内ではイベントやワークショップも開催される。

☎099-813-8108 🏠鹿児島市呉服町6-5 🕐10～20時（一部店舗を除く）🏠不定休 🚃いづろ電停からすぐ 🅿有料416台（2000円以上の買い物で2時間まで無料）MAP P137E3

おいしいものを探しながら
天文館をお散歩しましょう

天文館を知るには歩いてみるのがいちばん！
周辺に点在するおいしいおやつも楽しみましょ。

揚立屋 天文館店

天文館アーケード入口にある
さつま揚げの老舗店

甘すぎず、塩分控えめのヘルシーなさつま揚げを販売。店内で注文を受けてから揚げるさつま揚げは1個85円〜購入できる。鹿児島県産の黒豚ウインナーをさつま揚げで包んだ黒豚ドッグも人気。

☎099-219-3133 🏠鹿児島市東千石町13-6 🕙10〜19時 休無休 🚉天文館通電停からすぐ Pなし MAP P137D3

① 天文館通りアーケードの入口すぐにある ② 揚げたてアツアツのさつま揚げをぜひ食べてみて

黒豚ドッグ 250円
七味唐辛子が味のアクセント！

FRUITshop KAKOI

旬のフレッシュジュースで
パワーチャージ！

創業80年以上の老舗果物店では、カットフルーツやオーダーを受けてから作るフレッシュジュースが人気。果汁100％だからおいしいこと請け合い！

☎099-222-0333 🏠鹿児島市金生町2-19 🕙10時〜18時30分 休8月15・16日 🚉いづろ通電停から徒歩1分 Pなし MAP P137E3

▲果物のほか、三缶酒造製造の店オリジナル焼酎「金生」も販売している

フレッシュ
ジュース
450円
フレッシュジュースは常時7、8種類を用意。写真はパイナップル

① 木をふんだんに使った店内。腰かけて休憩できるスペースも設けてある ② 店内に漂う甘い香りの正体はこれ！天文館どうなつは店内で実演販売している

天文館焼きどうなつ 1個85円
油で揚げないヘルシードーナツ

天文館薩摩蒸氣屋 菓々子横丁

甘い香り漂う横丁に
ズラリと並ぶ美味なるお菓子

奥行き50mほどの細長い店内には和菓子、洋菓子コーナーのほか陶器や屋久杉製品を販売するコーナーが、2階には白熊などが味わえる「茶房 珈花子」（☞P66）もある。店舗は通り抜けられるのでまさに「横丁」感覚で立ち寄れる。

☎099-222-0648 🏠鹿児島市東千石町13-14 🕙9〜20時 休無休 🚉天文館通電停からすぐ Pなし MAP P137D3

天文館散策に疲れたら
この公園でひと息つこう

天文館G3アーケードを抜けた先にあるのが「天文館公園」(**MAP**P137D3)、西郷さんの銅像が立つ城山エリア近くにあるのが写真の「中央公園(通称：テンパーク)」(**MAP**P137E2)。両方とも緑いっぱいの憩いの公園です。

てんもんかんかじつどう
天文館果実堂

手作りにこだわった
バフェやジェラートを楽しもう

旬のフルーツを贅沢に堪能できるフルーツパーラー。おいしいうえにインスタ映えするバフェに乙女心はくすぐられっぱなし!? ホットサンドなど軽食メニューもある。

☎099-219-5055 🏠鹿児島市中町3-4 🕐11時30分〜18時LO 🈂水曜(祝日の場合は翌日) 🚃天文館通電停から徒歩3分 🅿なし **MAP**P137F4

❶プリン各280円。まるでケーキみたいな見た目に胸キュン！ ❷レモンパフェ980円。レモンミルクジェラートやレモンカードにメレンゲや塩クランチなどを添えて

◀鮮やかな黄色と白の外観がインパクト大

季節の
フルーツパフェ
1100円

季節ごとに旬の果実を贅沢盛り付ける

塩あんぱん
1個205円

あんぱんにまぶしたゴマは喜界島産、塩あんぱんには坊津の塩を使用

あんしん ほあんどう
餡心 ほあん堂

ホテルメイドのこだわりあんぱん
ぎっしり詰まった餡も美味

SHIROYAMA HOTEL kagoshima(☞P80)内のメゾン ド ファヴールが手がけるあんぱんの専門店。北海道大納言を使用した特製の餡がたっぷり詰まったあんぱんや塩あんぱんは、小ぶりながら食べごたえ◎。こだわりのオリジナルコーヒーと一緒に召し上がれ。

☎080-4378-5772 🏠鹿児島市泉町3-3よかど鹿児島別館2階 🕐11〜17時 🈂第2火曜 🚃朝日通電停から徒歩1分 🅿有料(かぎんタワーパキング利用) **MAP**P137E2

❶あんぱんに合うようにブレンドしたオリジナルコーヒー1杯291円 ❷よかど鹿児島2階にある、和テイストの素敵なお店

しろどんや
しろどん家

地元銀行のキャラクターが
集まるショップ＆カフェ

鹿児島銀行のキャラクター・しろどんグッズを扱うショップ。カフェスペースもあり、しろくまや両棒餅、知覧抹茶などを提供している。かわいいグッズはおみやげとしてもおすすめ。

☎099-295-0946 🏠鹿児島市金生町6-6よかど鹿児島本店1階 🕐10〜19時 🈂第2火曜 🚃朝日通電停から徒歩1分 🅿有料(かぎんタワーパーキング利用) **MAP**P137E2

▲しろどんがあしらわれた店内もかわいい

しろくまミニ 450円

5〜10月限定のしろくまは、愛らしいしろどんの顔にフルーツをトッピング。練乳も餡も手作りの本格派

◀マスキングテープ1個280円などオリジナルグッズも豊富に揃う

📖 天文館むじゃき本店(☞P66)でテイクアウトできるハンディ白熊(450円)も人気。本家の味を手軽に味わえると好評です。

ココにも行きたい

天文館周辺のおすすめスポット

📷 いおワールド かごしま水族館
いおわーるど　かごしますいぞくかん

ジンベエザメに会える水族館

鹿児島の海の生き物を中心に約500種、3万点を展示。ジンベエザメが泳ぐ黒潮大水槽は迫力満点。観客参加型の「いるかの時間」など、毎日のイベントも充実。**DATA**☎099-226-2233 🏠鹿児島市本港新町3-1 ¥1500円 ⏰9時30分～18時(入館は～17時) 休12月第1月曜～木曜 交バス停かごしま水族館前からすぐ Ｐ500台(1時間無料) **MAP**P134C3

ゆったりと泳ぐジンベエザメの姿に感動！

水族館前の海とつながる屋外水路では、イルカのパフォーマンスを間近に見学できる

※生き物の都合等により展示が変更、休止となることがあります

🍴 平松和牛×熟成黒毛和牛 焼肉ひら松
ひらまつわぎゅう×じゅくせいくろげわぎゅう　やきにくひらまつ

新鮮和牛を好みのスタイルで

牧場直営の焼肉＆ステーキ店。自分で焼くテーブル席とシェフが肉を焼き上げるカウンター席がある。**DATA**☎050-3150-8489 🏠鹿児島市千日町 1-1センテラス天文館南ANNEX 1階 ⏰11時30分～14時LO、17時30分～21時LO 休日曜の夜、月曜 交天文館電停からすぐ Ｐ440台(センテラス天文館駐車場利用) **MAP**P137D3

🍴 味のとんかつ 丸一
あじのとんかつ　まるいち

自家製パン粉を使った重量級！

とんかつ一筋40年以上のご主人が厳選した鹿児島産の黒豚を使用。食パンから作る自家製パン粉も香ばしく、厚みのある肉と相まって最高の味わいに。特製ソースと辛子で楽しも

う。**DATA**☎099-226-3351 🏠鹿児島市山之口町1-10鹿児島中央ビル地下1階 ⏰11時30分～14時、17時30分～20時(祝日の場合は営業)、土曜の夜 交高見馬場電停から徒歩3分 Ｐ150台(1時間無料) **MAP**P137D3

🍲 華蓮 鹿児島店
かれん　かごしまてん

JAお墨付きの安心食材を提供

JA鹿児島県経済連直営店で、鹿児島黒豚、鹿児島黒牛、黒さつま鶏、旬の野菜などを使った料理を提供。人気の鹿児島黒豚は、定番のしゃ

ぶしゃぶのほか、せいろ蒸しやステーキ、すき焼でも。**DATA**☎099-223-8877 🏠鹿児島市山之口町3-12 ⏰11時30分～13時30分LO、17時30分～22時LO(日曜、祝日は～21時LO) 休第3日曜(連休の場合は連休最終日) 交高見馬場電停から徒歩5分 Ｐなし **MAP**P137D3

☕ danken COFFEE 天文館店
だんけんこーひー　てんもんかんてん

自慢のパンとおいしいコーヒーを

鹿児島の人気ベーカリーが手がけるコーヒーショップ。オリジナルのクロワッサントーストを使ったメニューがオススメだ。

豆乳クリームやホウレン草などを挟んだポパイサンド370円やバタートースト240円など、コーヒーと好相性のメニューが揃う。テイクアウトもOK♪ **DATA**☎099-213-9330 🏠鹿児島市東千石町10-14 ⏰8～21時 休無休 交天文館電停から徒歩1分 Ｐなし **MAP**P137F4

🍴 うなぎの末よし
うなぎのすえよし

創業80年以上続く老舗の鰻店

作家・椋鳩十がその味を絶賛したことでも知られる名店。大隅養鰻漁協から直送される鰻を、秘伝のタレと備長炭でじっくりと焼き上げたかば焼きは、

表面がパリッと香ばしく、中はふっくらとした仕上がりに。うな丼・うな重は1450円。**DATA**☎099-222-1525 🏠鹿児島市東千石町14-10 ⏰10時30分～20時(売り切れ次第終了) 休第1・3火曜(変更の場合あり) 交天文館通電停から徒歩2分 Ｐなし(駐車券補助あり) **MAP**P137F4

🍴 ブラッスリー ヴァンダンジュ
ぶらっすりー　う゛ぁんだんじゅ

お酒や食文化を楽しむソムリエの店

老舗ブラッスリーが天文館グルメ通りに移転し、ワインバーとしてリニューアル。シニアソムリエのオーナーが厳選したワイン

や蒸留酒、本格焼酎、さまざまなカクテルなどが楽しめる。フレッシュチーズやキッシュ、エスカルゴなどの定番フレンチや、ワインを引き立てるフードメニューも充実。**DATA**☎099-226-2729 🏠鹿児島市東千石町7-24-1 ⏰18～24時 休日曜 交天文館通電停から徒歩3分 Ｐなし **MAP**P137F4

🍴 野うさぎの家
のうさぎのいえ

器のギャラリーに併設されたカフェ

日置市に窯を持つ、「風木野陶」が営むカフェ。野菜たっぷりの日替わりランチやケーキセット各700円

～など、自家焙煎のコーヒーは400円。夜は予約制でバルとして営業している。2階には「風木野陶」のギャラリーと画廊がありこちらも人気。**DATA**☎099-219-3337 🏠鹿児島市東千石町3-45 ⏰11～18時 休土・日曜、祝日 交天文館通電停から徒歩6分 Ｐなし **MAP**P137D2

🍽 ハーブ&唐芋デザート みなみ風農場
<small>はーぶあんどからいもでざーと みなみかぜのうじょう</small>

唐芋スイーツを召し上がれ♪

鹿児島のみなみ風農場でとれる唐芋やハーブを使って、種類豊富なスイーツやドリンクを提供。注文を受けてから焼き上げる、焼きたてラブリー250円や、紫芋、紅はるかを使った焼き芋ジュース360円などが人気。1階にはショップもあるので、おみやげもココで調達しよう！
DATA☎099-239-1333 **住**鹿児島市呉服町1-1 ⏰11時30分～18時LO **休**無休 **交**天文館通電停から徒歩3分 **P**提携駐車場あり **MAP**P137E3

🏬 コセド酒店 天文館店
<small>こせどさけてん てんもんかんてん</small>

圧倒的な品揃えは感動もの！

県内産の焼酎をメインに、全国各地の焼酎や日本酒、ワインなどが揃う。経験豊富なスタッフがお気に入りの銘柄を見つける手伝いをしてくれるので、気軽に声をかけてみて。ラッピングサービスも受け付けている（200円～）。
DATA☎099-210-7310 **住**鹿児島市東千石町8-26タカダビル1階 ⏰10～19時 **休**第2・4火曜 **交**天文館通電停から徒歩3分 **P**なし **MAP**P137F4

🏬 まるはちふくれ菓子店
<small>まるはちふくれがしてん</small>

篤姫も食べていた薩摩古菓子

「ふくれ菓子」は鹿児島の郷土菓子で、炭酸でふくらませた蒸し菓子。シフォンケーキよりものど越しがよく、オーソドックスな白砂糖を使った

プレーンのほか、黒糖、ココア、けせん（シナモン）、抹茶、落花生、しょうがと7種類ありバリエーションも豊富だ。
DATA☎099-227-5112 **住**鹿児島市金生町7-21 ⏰10時～18時30分 **休**不定休 **交**いづろ通電停から徒歩2分 **P**なし **MAP**P137E3

🍽 ライムライト
<small>らいむらいと</small>

喧騒を忘れる老舗コーヒー専門店

街なかにありながら、ほっとひと息つける落ち着いた雰囲気のカフェ。季節限定のブレンドやレア銘柄のストレートコーヒーなど、自家焙煎の豆をネルドリップで丁寧に淹れてくれる。ケーキの種類も充実しており、街歩きの途中、ちょっと立ち寄って休憩するのにぴったりだ。**DATA**☎099-225-5411 **住**鹿児島市東千石町11-3 ⏰9時30分～23時LO（金・土曜は～24時LO）※変更の場合あり **休**無休 **交**天文館通電停から徒歩1分 **P**なし **MAP**P137F4

🏬 天文館まちの駅 ゆめりあ
<small>てんもんかんまちのえき ゆめりあ</small>

鹿児島の産直野菜と昔ながらのお惣菜

天文館グルメ通りにある、鹿児島県内各地から届く旬の野菜を販売する青果店。

店内では、これらの野菜を使い、昔ながらの家庭の味をイメージして作る"昭和レトロなお惣菜"が並ぶ。一押しは自家製豚みそをジャガイモとブレンドした「豚みそコロッケ」2個200円。**DATA**☎099-226-8603 **住**鹿児島市東千石町7-22-1 ⏰9～19時 **休**無休 **交**天文館通電停から徒歩4分 **P**なし **MAP**P137F4

🍸 本格焼酎Bar 礎
<small>ほんかくしょうちゅうばー いしずえ</small>

鹿児島全蔵元の焼酎が揃う専門バー

日本酒学講師（焼酎学・日本酒学）の資格を持つマスターが営む焼酎バー。離島を含む鹿児島全域から集めた1500銘柄以上の焼酎が楽しめ

る。鹿児島独特の酒器・黒ぢょかで提供してくれるのもうれしいサービス。**DATA**☎099-227-0125 **住**鹿児島市千日町1-1天文館フラワービル4階 ⏰19時30分～翌3時 **休**不定休 **交**天文館通電停から徒歩3分 **P**なし **MAP**P137D3

👜 薩摩家 いづろ店
<small>さつまや いづろてん</small>

さつま揚げがバーガーに！

さつま揚げの専門店が作るバーガーは、ぶつ切りのエビ入りさつま揚げをライスプレートで挟んだもの。エビ、とろたま、お好み焼風の3種類の味から選べる。ほかに、豆乳をアレンジしたドリンクや豆乳ラテ300円～などもあり、イートインできるので、バーガーと一緒に味わって。**DATA**☎0120-13-3208 **住**鹿児島市金生町7-6 ⏰10～19時 **休**不定休 **交**いづろ通電停からすぐ **P**なし **MAP**P137E3

🏬 茶寮 AKASHIYA elmundo
<small>さりょう あかしや えるむんど</small>

老舗和菓子屋の洋菓子店

かるかんの元祖として有名な「明石屋」の洋菓子店として50年以上の歴史があり、素材にこだわった定番商品や、旬の

果物を使用した季節限定の商品まで、見た目も美しく、楽しいケーキが多彩に揃う。またイートインのカフェコーナーもある。**DATA**☎099-223-5959 **住**鹿児島市中町11-1 ⏰9～18時 **休**無休 **交**朝日通電停から徒歩1分 **P**なし **MAP**P137E2

🍸 Bar 魔の巣
<small>ばー まのす</small>

大人の隠れ家的バーで酔う

天文館の喧騒から離れ、一人で訪れても落ち着いて飲めるバー。シングルモルトウイスキー1000円～など、厳選した洋酒や、鹿児島県産の季節のフルーツを使うオリジナルカクテル1100円～など。チャージは600円。全席禁煙となっている。**DATA**☎099-239-8081 **住**鹿児島市東千石町5-17 Tビル3階 ⏰19時～翌2時 **休**日曜、祝日 **交**天文館通電停から徒歩4分 **P**なし **MAP**P137F4

レトロな情緒を醸し出す「名山堀」では多種多様なお店に出合えます

天文館から徒歩5分

天文館からほど近い名山堀は、昔懐かしい長屋が軒を連ねる魅惑のエリア。昼も夜もいろんなお店が賑わいをみせています。

＋名山堀って こんなところ

安永年間（1772〜81）に造られた「名山堀」が名前の由来。戦後には県内最大の市場があるなど活気あふれる場所だった。近年は長屋が連なる昭和レトロな街並みに惹かれた若いオーナーによる多彩ジャンルの店が急増。古さと新しさが混在する魅惑のエリアへと変貌を遂げた。

🚋市役所前電停からすぐ
Ｐなし　MAP P137F2

パン
めいざんべーかりー ふくすけ
名山ベーカリー fukusuke

おやつにもランチにも 小さくてかわいいパン屋さん

お客が5人も入ればいっぱいになるような小さな店。しかしながら、並ぶパンはあんぱんなどの定番や具材ぎっしりの惣菜パンなど約40種類と豊富。

☎099-828-8292　住鹿児島市名山町8-6　⏰11〜18時※売り切れ次第終了　休日〜火曜　MAP P137F2

1 少しずつ焼き上げているので、目当てのパンがあるか確認してから出かけるのがいいかも　2 低温長時間熟成の生地を使ったちょこ黒200円など　3 ふくすけ食パン310円

カフェ
べじ かふぇ ろー
VEGE CAFE LO

多種多様な野菜料理が味わえるカフェ

野菜のおいしさを堪能できる創作メニューが豊富なカフェ。大きな器に盛られたボリュームたっぷりのサラダが名物で、ドレッシングも好みのものをチョイスできる。

☎099-295-0772　住鹿児島市名山町4-1名山ビル1階　⏰9〜22時　休不定休　MAP P137F2

1 おしゃれで居心地のよい店内。子ども連れにも人気　2 ボリューム満点の週替わりのランチ1260円。スイーツやドリンクメニューも豊富なので、さまざまなシーンで利用できる

1 プレートごはん1450円は前日までの予約で味わえる **2** 季節の野菜がたっぷりの野菜のカレー1200円はリピーター続出 **3** 1階はカウンターとテーブル席。2階の大きな窓際の席も人気

冬の風物詩といえば……

名山堀横にある「みなと大通り公園」では、例年12月～1月末まで公園沿いのケヤキをライトアップ。約6万球の電飾が公園内を彩る。☎099-808-3333(サンサンコールかごしま) MAP P137F2

> カフェ

えぴすかふぇかごしま

epice.cafe.kagoshima

スパイスが香る本格カレーをカフェで

名山ならではのアットホームな雰囲気が特徴のカフェ。看板はタマネギとトマトベースのスパイスカレー。気まぐれに登場するスイーツやスペシャルランチも注目だ。カウンターでのんびり1人時間を過ごそう。☎099-213-9280 住鹿児島市名山町7-1 ⏰12～20時 休日曜不定休 MAP P137F2

> ギャラリー

さんがいくぎゃらりー

三街区ギャラリー

魅力的な写真を展示

アマチュア、プロ問わず、いろんな人の写真、絵画などを展示している無人ギャラリー。不定期で個展などを開催している。観覧は無料だがエアコンなどの設備はなし。

ギャラリーは3㎡ほどのスペース。開いていれば自由に観覧することができる

☎090-2710-3922(大庭) 住鹿児島市名山町3-9 ⏰不定 休不定休 MAP P137F2

> 居酒屋

ゆうきやさいとぎょうざ ふぉれ

有機野菜と餃子 forét

野菜のうまさが詰まった手作り餃子

鹿児島のそのやま農園直送の有機野菜をたっぷり使った餃子を焼き&水餃子で味わえる。餃子の皮も国産素材で手作りのもの。口の中に広がる肉汁と野菜のうま味は、一度食べたら忘れられない味。☎050-3557-0427 住鹿児島市名山町4-27 ⏰18～23時 休日・月曜 MAP P137F2

1 焼き餃子850円 **2** 有機農法のビールや自家製プラム酒なども用意している

> 酒屋

ふとししょうてん

ふとし商店

酒屋の一角でちょっと一杯…

酒屋の一角が飲み屋「いっちも～れ」に。料理は徳之島のおつまみ系が主。チューハイやハイボールなどメニューにないドリンク類は酒屋の冷蔵庫から自由に持ってきてOK。☎099-222-0883 住鹿児島市名山町9-8 ⏰17時30分～22時30分 休日曜 MAP P137F2

1 みそピーナッツ280円、こうまきぶに(塩味豚足)490円 **2** 手作り感あふれる店内

名山堀
0　　　50m
徒歩約1分

鹿児島駅前電停へ
市役所前電停　易居町
鹿児島市役所
市役所前
SANDECO COFFEE 数学カフェ
VEGE CAFE LO
みなと大通り公園
共進組
市電1・2系統
有機野菜と餃子 forét
epice.cafe.kagoshima
三街区ギャラリー
名山ベーカリー fukusuke
名山町
名山変電所
朝日通電停
ふとし商店
鹿児島ビル
鹿児島県産業会館
鹿児島ブランドショップ
三島村役場
朝日通
朝日通電停
産業会館前
鹿児島ブランドショップ前
いろは通電停へ
泉町
58

天文館 ● レトロな情緒を醸し出す「名山堀」

📖 名山堀には一般の住宅もあります。特に夜は騒ぎすぎないように注意しましょう。

31

鹿児島の歴史を紐解きながら
てくてく歩いて「城山巡り」

「城山」は鹿児島の歴史を知るうえで欠かせないエリアです。
天文館からひと足延ばして、歴史のお勉強をしましょう。

製作者は忠犬
ハチ公と同じ
安藤照

所要時間
3時間

コースチャート

天文館から徒歩8分
1 西郷隆盛銅像
　徒歩5分
2 照國神社
　徒歩4分
3 DINIZ CAFE
　徒歩6分
4 鹿児島県
　歴史・美術センター
　黎明館
　バス停薩摩義士碑前
　からカゴシマシティビ
　ュー、まち巡りバスで2
　分
5 西郷洞窟
　バス6分
6 城山展望台
　バス停城山からカゴシマ
　シティビュー、まち巡りバス
　で4〜5分、薩摩義士碑
　前下車、徒歩18分で天
　文館

1 Start

さいごうたかもりどうぞう
西郷隆盛銅像

軍服姿が凛々しい西郷さん

観光客が必ず立ち寄るスポッ
ト。昭和12年（1937）に設置
されたこの銅像は、台座も含め、
高さ約8mとかなり大きい。西
郷さんの着ている軍服は、陸軍
大演習に行幸した明治天皇随
行の際に着ていたもの。凛々し
い軍服姿で、鹿児島の町を見
守るように立つ西郷さんだ。
☎099-298-5111（観光交流センター）
🏠鹿児島市城山町 🕐🗓休見学自由
🚌バス停西郷銅像前からすぐ
🅿なし MAP P137E1

道の向かい側には記念撮影にいい広場もある

徒歩5分

てるくにじんじゃ
2 照國神社

幕末の名君・島津斉彬公を祀る

隣接する探勝園
は鹿児島（鶴丸）
城の庭園だった

徒歩4分

島津家第28代当主・斉彬公（☞P
43）がご祭神で、初詣や七五三
など、鹿児島市民に親しまれてい
る神社。特に、7月15・16日に行
われる鹿児島独特の夏祭り「六
月灯」は参道周辺にも露店が並
び、たくさんの人が訪れる。
☎099-222-1820 🏠鹿児島市照国
町19-35 🕐🗓休境内自由 🚌バス停
西郷銅像前から徒歩4分 🅿40台
MAP P137D1

徒歩5分

🅢西郷洞窟
薩摩
義士碑前
西郷洞窟前 JR鹿児島本線
鹿児島
医療センター
岩崎谷橋
岩崎谷
私学校跡
鹿児島
中央駅
城山公園
鹿児島県
歴史・美術
センター
黎明館
城山入口
鹿児島城
（鶴丸城）跡
城山
城山
鹿児島県立図書館
かごしま近代文学館・
かごしまメルヘン館
🅢城山展望台
名山小
鹿児島市立美術館
西郷隆盛
銅像
西郷銅像前
照國神社
DINIZ CAFE
鹿児島市立博物館
中央公園
58
照国神社前
N
徒歩
バス
石畳の道
100m

1 元治元年（1864）
創建、大きな鳥居が目
を引く 2 鹿児島県
下の六月灯（☞P132）
で最も参拝者が多い

① ブラウニー&アイスクリーム858円
② 洒落た雰囲気の2階カフェスペース

参加したいコースがきっと見つかる！
西郷隆盛銅像の隣にある「鹿児島まち歩き観光ステーション」（MAP P137E1）では、観光スポットをガイドと巡る「鹿児島ぶらりまち歩き」を実施。全13コースで、参加料は1人1000円（2名以上500円）。☎099-208-4701

鹿児島（鶴丸）城は天守を持たない屋形造りの城だった

① 館内では鹿児島（鶴丸）城の復元模型を展示
② 斉彬公をはじめ歴代の島津家当主に関する資料も多数展示
③ 国内最大級の城門・御楼門も要チェック！

4

かごしまけんれきし・びじゅつせんたー・れいめいかん
鹿児島県歴史・美術センター黎明館

鹿児島（鶴丸）城本丸跡に立つ歴史資料館

徒歩6分

鹿児島の考古、歴史、民俗、美術・工芸などに関する幅広い資料を展示。鹿児島の文化や歴史をディープに紹介している。

☎099-222-5100 住鹿児島市城山町7-2 ⏰9〜18時（入館は〜17時30分）¥400円 休月曜（祝日の場合は翌日）、毎月25日（土・日曜の場合は開館）交バス停薩摩義士碑前からすぐ P125台 MAP P137E1

ひと休み

3

じにす かふぇ
DINIZ CAFE

石蔵でおいしいコーヒーを

徒歩6分

西郷隆盛銅像横の道を入ったところにある、石蔵を利用したカフェ&自家焙煎コーヒー豆のショップ。2階ではオリジナルのスイーツなどをいただける。

☎099-295-3636 住鹿児島市山町2-30石蔵 ⏰11〜18時（店内飲食は〜17時30分LO）休月曜 交バス停西郷銅像前からすぐ Pなし
MAP P137E1

西南戦争の激戦地も今や観光スポット

バス2分

5

さいごうどうくつ
西郷洞窟

最後に薩軍が立てこもった洞窟

ここから少し下ったところに西郷終焉の地が

明治10年（1877）2月に出発して九州各地で戦った薩軍は、敗戦を重ね8月に解散。9月に政府軍に追われた薩軍が城山に逃げ、立てこもったのがこの洞窟。西郷隆盛（ P42）が最後の5日間を過ごした洞窟でもあり、その後、薩軍が山を下る途中で西郷は銃弾を受け自決した。

この穴に5日間籠っていたという

☎099-298-5111（観光交流センター）住鹿児島市城山町 ¥⏰休見学自由 交バス停西郷洞窟前からすぐ Pなし MAP P134B3

Goal

週末などボランティアガイドが常駐している

6

しろやまてんぼうだい
城山展望台

市民も憩うビューポイント

バス6分

標高107mにあり、鹿児島市街や桜島を一望できるスポットで、夜景も美しい。亜熱帯植物が自生する森の中に麓まで続く遊歩道があるので、展望台からのんびり下ってみては？

☎099-298-5111（観光交流センター）住鹿児島市城山町 ¥⏰休見学自由 交バス停城山から徒歩3分 P46台 MAP P137D1

照國神社から黎明館へ続く「石畳の道」（MAP P137E1）には、天文館とはひと味違う隠れ家的雰囲気のカフェやショップが点在しています。

天文館観光の合間にふらっと城山のカフェで休憩しましょう

西郷さんの銅像や島津斉彬公を祀る神社など歴史さんぽにぴったりな城山エリア。その途中に立ち寄れる素敵カフェをピックアップしました。

はる
haru

新鮮素材で作る和のランチ

鹿児島でとれる旬の野菜・食材を中心とした料理が魅力。ランチは地産地消がテーマ。内容盛りだくさんの和定食、ほぼ週替わりのカレーセット935円、和牛ホホ肉の赤ワイン煮込みをベースにしたハヤシライスのセット1100円の3種類。

☎099-295-6501 住鹿児島市城山町2-8 ⏰11時30分〜13時30分LO、18〜23時 休日・月曜、祝日の昼 交バス停西郷銅像前から徒歩2分 Pなし MAPP137E1

オススメはコレ
肉、魚、野菜からメインを選ぶ和定食は1430円。このカフェで一番人気のランチ

▲オーナー夫妻の仲のよさが店内の居心地のよさにつながっている ▶ナチュラルで明るい店内。人気店なので予約が確実

大きな窓からはたっぷりの自然光。センスあふれる空間でランチタイムを

オススメはコレ
メインを3〜4種類から選べる本日のランチ1100円はミニデザート付き

のえる
NOEL

心ときめく雑貨とランチ

ステーショナリーやインテリア雑貨など「贈られてうれしいもの」をコンセプトにセレクトした雑貨から薩摩焼や知覧茶などの鹿児島みやげも揃う。店の奥はカフェスペースになっていて、ランチやスイーツが味わえる。

☎099-295-3662 住鹿児島市城山町2-11 ⏰11時〜18時30分LO 休木曜 交バス停西郷銅像前から徒歩2分 Pなし MAPP137E1

ひと足延ばして 西郷どんラテも 味わってみて

城山といえば西郷どん。その西郷どんを祀る南洲神社参道に「軽食・雑貨和かふぇ なんしゅう」というカフェがある。せごラテ450円〜など西郷どんにちなんだスイーツが味わえるほか、西郷どんグッズの販売も。
☎080-2037-6299 **MAP**P134C2

ちんじゅかん ぼたりー きっさしつ
CHIN JUKAN POTTERY 喫茶室

NEO薩摩焼の器を日常の中に

薩摩焼を代表する窯元・沈壽官窯とデザイン集団・ランドスケーププロダクツが手がける、モダンな薩摩焼を扱うギャラリー＆カフェ。薩摩焼の新たな器シリーズと鹿児島食材にこだわったお取り寄せスイーツ＆ドリンクがコラボで楽しめる。

☎099-295-3588 **住**鹿児島市城山町7-2黎明館内 **⊙**11〜17時LO（日曜、祝日は10時〜）**休**月曜（祝日の場合は翌日）、毎月25日（土・日曜、祝日の場合は営業）**交**バス停薩摩義士碑前からすぐ **P**125台 **MAP**P137E1

店内からは御楼門を窓から眺めることができる

＼オススメはコレ／
レモンケーキと薩摩紅茶各400円は、セットだと50円引きになる

さら
作楽

からだが喜ぶマクロビ料理を

「からだにいいモノを取り入れてほしい」と話すオーナーが、新鮮な有機野菜を使ったベジメニューを提供。なかでも特におすすめなのは、彩り豊かな旬野菜を堪能できる作楽定食1100円。テイクアウトもOKなので城山散策の途中に利用するのもいい。

☎099-223-6326 **住**鹿児島市城山町3-38 **⊙**11〜17時（金・土曜は〜20時）**休**日曜、祝日 **交**バス停西郷銅像前から徒歩3分 **P**なし **MAP**P137E1

まるで家にいるかのようなくつろぎの空間

＼オススメはコレ／
作楽定食は7種類の野菜が味わえる。作楽セット（魚付き）1500円〜

にかんばしこーひーいん
二官橋珈琲院

コク深い珈琲でひと息

1杯ずつサイフォンで丁寧に淹れる珈琲や手作りスイーツ、軽食などが味わえる純喫茶。厚切りトーストやゆで玉子、ヨーグルト、ジャム、珈琲がセットのモーニング600円を提供しているのは、この界隈では珍しい。

☎090-1972-3800 **住**鹿児島市城山町6-23-110 **⊙**9〜18時 **休**月曜 **交**バス停西郷銅像前から徒歩3分 **P**なし **MAP**P137E1

＼オススメはコレ／
クリーミーで美味な自家製レアチーズケーキセット700円

主人の山城さんは大の西郷さん好き。いろんな逸話を聞いてみては

 城山は西南戦争の激戦地。黎明館（☞P33）の城壁には今も多数の弾痕があり、戦闘の激しさを物語っています。

これしよう！
全国的にも珍しい
猫を祀る「猫神」

仙巌園内には猫を祀った
神社がある。愛猫家なら
ぜひ参拝しておきたい

これしよう！
世界文化遺産の一つ
尚古集成館

日本の近代化発祥の地で
ある磯地区の歴史が学べる
（☞P41）※本館は休館中

これしよう！
島津家ゆかりの
名勝 仙巌園

歴代の島津家の当主たち
に愛された美しい庭園を
見学しよう（☞P38）

仙巌園は
ココにあります！

明治日本の産業革命遺産は要チェック

仙巌園周辺
せんがんえんしゅうへん

鹿児島の伝統
工芸・薩摩切
子は、職人技
から生まれる
芸術品

こんなところ

薩摩藩を治めた島津家の別邸として築かれ
た仙巌園があり、幕末から明治期にかけて
は日本近代化の礎となった「集成館事業」
の拠点だった磯エリア。平成27年（2015
年）には、「反射炉跡」「旧集成館機械工場
（現尚古集成館）」「旧鹿児島紡績所技師館
（異人館）」の3資産が世界文化遺産に登録さ
れました。

ａｃｃｅｓｓ

●鹿児島中央駅から
JR鹿児島中央駅からカゴシ
マシティビューで49分、仙巌
園（磯庭園）前下車すぐ、また
はまち巡りバスで34分、仙巌
園前下車すぐ

●天文館から
鹿児島交通バスで天文館か
ら仙巌園まで10分

問合せ
☎099-298-5111
（観光交流センター）

～仙巌園周辺 はやわかりMAP～

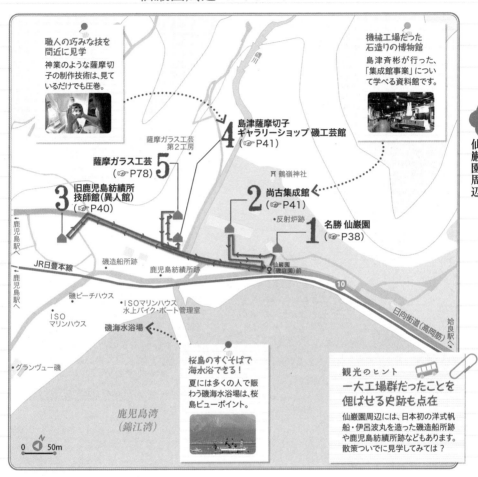

職人の巧みな技を
間近に見学
神業のような薩摩切子
の制作技術は、見て
いるだけでも圧巻。

機械工場だった
石造りの博物館
島津斉彬が行った、
「集成館事業」につい
て学べる資料館です。

4 島津薩摩切子
ギャラリーショップ 磯工芸館
(☞P41)

薩摩ガラス工芸
第2工房

薩摩ガラス工芸
(☞P78) **5**

鶴嶺神社

3 旧鹿児島紡績所
技師館(異人館)
(☞P40)

2 尚古集成館
(☞P41)

• 反射炉跡

名勝 仙巌園
(☞P38) **1**

← 鹿児島駅へ

JR日豊本線

磯造船所跡

鹿児島紡績所跡

仙巌園
(磯庭園)前

← 鹿児島駅へ

• 磯ビーチハウス

• ISOマリンハウス
水上バイク・ボート管理室

10

日向街道(高岡筋)

• ISO
マリンハウス

磯海水浴場 ←

姶良駅へ

• グランヴュー磯

鹿児島湾
(錦江湾)

0 50m

桜島のすぐそばで
海水浴できる!
夏には多くの人で賑
わう磯海水浴場は、桜
島ビューポイント。

観光のヒント
一大工場群だったことを
偲ばせる史跡も点在
仙巌園周辺には、日本初の洋式帆
船・伊呂波丸を造った磯造船所跡
や鹿児島紡績所跡などもあります。
散策ついでに見学してみては?

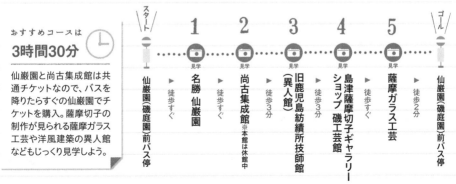

おすすめコースは
3時間30分

仙巌園と尚古集成館は共
通チケットなので、バスを
降りたらすぐの仙巌園でチ
ケットを購入。薩摩切子の
制作が見られる薩摩ガラス
工芸や洋風建築の異人館
などもじっくり見学しよう。

スタート
仙巌園(磯庭園)前バス停

▶ 徒歩すぐ

1 見学 名勝 仙巌園

▶ 徒歩すぐ

2 見学 尚古集成館 ※本館は休館中

▶ 徒歩3分

3 見学 旧鹿児島紡績所技師館(異人館)

▶ 徒歩3分

4 見学 島津薩摩切子ギャラリーショップ 磯工芸館

▶ 徒歩すぐ

5 見学 薩摩ガラス工芸

▶ 徒歩2分

ゴール
仙巌園(磯庭園)前バス停

近代日本発祥の地
名勝 仙巌園を散策しましょう

桜島を築山に、錦江湾を池に見立てたスケールの大きい大名庭園は、お庭以外にもさまざまなみどころが満載なんです。

歴代の当主から愛された庭園。時間をかけてじっくり見てまわろう

名勝 仙巌園
島津家の歴史を物語る庭園

見学時間 約1時間

19代島津光久によって万治元年（1658）に築かれた別邸。1万5000坪の広大な庭園には、島津家の歴史を伝える史跡も多く残されており、歴史好きにはたまらない。錦江湾を池に、桜島を築山に見立てた雄大な景観が魅力。薩摩の歴史と文化、両方を堪能できるスポットだ。

☎099-247-1551 ⓗ鹿児島市吉野町9700-1 ¥1000円（尚古集成館と共通）◉9〜17時 ⓧ3月第1日曜 ⓧバス停仙巌園前からすぐ Ｐ100台（1日300円）
MAP P135D1

イベントやガイドツアーも
たっぷり楽しみたいなら

✛イベント開催時を狙おう✛
ひなまつり、七夕といった季節の行事から、夏の朝顔、秋の菊など花々の展示まで、一年を通じて、園内では実にさまざまなイベントが開催されている。実施期間が長いものもあるので、事前に調べておこう。

✛園内ガイドツアーに参加✛
深い知識を持った専門ガイドによる、所要約30分のツアー。料金は入場料＋3000円。
※要事前予約

御膳所 桜華亭

どの席からも桜島が見える、眺望最高の食事処。鯛が好物だった島津斉彬にちなみ考案された鯛しゃぶ御膳2200円などがおすすめ。

鯛の切り身をだしにくぐらせていただく鯛しゃぶ御膳

お腹がすいたらランチはココへ

オッのコンボ

鹿児島に伝わる起き上がり小法師／白480円・赤450円

武士の紅茶
五代友厚のレシピで作った紅茶／40g 1410円

仙巌園限定品をおみやげに

幕末期、ココは日本の近代化の最先端地だった

鶴灯籠にあるガス灯など、先端技術が満載だった仙巌園。29代島津忠義（ただよし）は水力発電用ダムを造り、明治25年（1892）からこの電力で御殿の灯りなどをともしていた。自家用電話もひいていたという。

園内のみどころはここです

❶ 御殿（ごてん）

明治時代には本邸として使用。明治17年（1884）に改築され、現在は当時の3分の1が残る。御殿（別途500円）は内部見学もできる。釘隠しなど、細かな装飾も要チェック。

❷ 鶴灯籠（つるどうろう）

御殿の前に鎮座する石灯籠で、鶴が羽を広げたように見えることが名前の由来。安政4年（1857）、斉彬はガス灯の実験を行っていたが、そのときに灯したのがこの灯籠だ。

❸ 仙巌園ブランドショップ（せんがんえんぶらんどしょっぷ）

ギャラリーのような洗練された店内で、薩摩焼、薩摩切子、屋久杉製品など鹿児島を代表する工芸品を展示・販売する。大きな窓から薩摩切子越しに桜島ビューが楽しめる演出も素敵。

❹ 錫門（すずもん）

朱塗りの門と錫で葺いた瓦が、なんとも美しく、周囲の山々によく映える。江戸時代には正門として使われていたもので、当主とお世継ぎだけが通ることを許された。

❺ 仙巌園茶寮（せんがんえんさりょう）

抹茶や県内3カ所の茶どころから選りすぐった煎茶と和菓子のセットが味わえる。器に白薩摩、カステラの敷紙に蒲生和紙など、鹿児島の伝統工芸品を使っている点にも注目して。

❻ 両棒餅屋（ぢゃんぼもちや）

人気の名物です

ひと息つきたいときは、磯名物・両棒餅が食べられる茶店へ。味噌味と醤油味があり、6本400円。それぞれを3本ずつ注文することもできるので、食べ比べてみては？

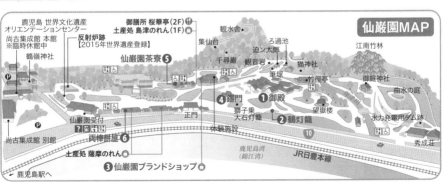

仙巌園MAP

鹿児島 世界文化遺産
オリエンテーションセンター
尚古集成館 本館
※臨時休館中
鶴嶺神社
御膳所 桜華亭（2F）
土産処 島津のれん（1F）
反射炉跡
【2015年世界遺産登録】
観水舎
集仙台
仙巌園茶寮❺
ろ過池
迫ん太郎
千尋巌
観音岩
江南竹林
筆塚
猫神社
竹傾亭
御庭神社
望嶽楼
曲水の庭
仙巌園受付
❹錫門
❶御殿
獅子乗大石灯籠
水力発電用ダム跡
尚古集成館 別館
正門
❷鶴灯籠
両棒餅屋❻
体験施設
鹿児島湾（錦江湾）
JR日豊本線
秀成荘
土産処 薩摩のれん
10
← 鹿児島駅へ
❸仙巌園ブランドショップ

両棒餅屋では味噌、醤油のほか「奄美の黒糖入りきな粉」味の両棒餅が登場！仙巌園オリジナルのフレーバーです。

幕末〜明治の息吹を感じる
3つの洋風建築を見学しましょう

日本の近代化の先駆けともなった磯エリアには、幕末から明治時代に建てられた洋風建築が残されています。なかには世界遺産の貴重な建物もあります。

旧鹿児島紡績所技師館（異人館）
（きゅうかごしまぼうせきじょぎしかん（いじんかん））

**レトロなたたずまいの洋館で
イギリス人技師の暮らしを思う**

ここはもともと慶応3年（1867）、薩摩藩が日本初の洋式紡績工場・鹿児島紡績所に技術指導を目的に招いたイギリス人7名の宿舎だった。明治15年（1882）に鶴丸城本丸跡に移築され、昭和11年（1936）、再び現在地に移築された。平成23年（2011）にリニューアルし、当時の暮らしを再現した部屋などを見学することができる。【2015年世界遺産登録】

☎099-247-3401 🏠鹿児島市吉野町9685-15 ¥200円 ⏰8時30分〜17時30分 休無休 🚌バス停仙巌園前から徒歩2分 P6台 MAPP135D1

■木造2階建てのコロニアルスタイル。設計はイギリス人で、建てたのは日本の大工さん。建築当時の外観は白だったとか ②技師たちが暮らした時代のイギリス製アンティーク家具で再現された応接室

みどころポイント

① ドアノブのためにえぐられた柱
建築当時「ドアノブ」の概念がなかったためか、柱をえぐって手を入れるスペースがある

② 天井にもさりげないオシャレ
各部屋の天井の角などには透かし彫りの装飾があしらわれている

③ 裏手ベランダに残る古い石畳
移築などで玄関付近の石は新しくされているが、ここは周りよりかなり古い

明治日本の産業革命遺産とは？

西欧列強がアジア・アフリカ諸国を次々と植民地化していくなか、日本は幕末の1850年代から明治末期の1910年までの、わずか50年余りで急速な近代化に成功、植民地化を免れた。この歩みを物語る近代化遺産が九州・山口を中心に残されている。平成23年（2015）、これら8県11市にある23資産が「明治日本の産業革命遺産 製鉄・製鋼、造船、石炭産業」として世界文化遺産に登録された。

集成館事業ってなに？

幕末期の藩主・島津斉彬は、富国強兵・殖産興業の礎となる工場群・集成館を磯地区に造った。大砲を鋳造するための反射炉をはじめ、溶鉱炉、ガラス工場などを次々と建設、さまざまな事業を推し進めた。このことを総称して集成館事業とよぶ。そのときに造られた仙巌園内の反射炉跡（MAPP39）や薩英戦争後に建てられた旧集成館機械工場（現尚古集成館）、旧鹿児島紡績所技師館（異人館）などがある「旧集成館」、そして「寺山炭窯跡」、「関吉の疎水溝」が鹿児島にある世界遺産の構成資産だ。

▶反射炉跡。現在は基礎部分のみ残されている尚古集成館にある1/10サイズの反射炉の模型

集成館（☞P40）の燃料である木炭（白炭）を作っていた炭焼き窯（寺山炭窯跡※見学不可）や動力用水車のための取水口（関吉の疎水溝 MAP 折込表D3）も、磯エリアの資産同様、世界遺産に登録されています。

尚古集成館
しょうこしゅうせいかん

世界遺産に登録されている幕末の機械工場

幕末に島津斉彬（☞P43）が推進した造船・造砲・ガラス製造・紡績など、近代日本の基礎となった「集成館事業（☞P40）」の中心地に、慶応元年（1865）に建てられた機械工場。館内の機械油のシミがついた頑丈な梁や、板ガラスがはめられたアーチ窓など、歴史を感じさせるポイントもチェックして。本館はリニューアル工事のため2024年10月まで休館中、別館は入館可能。

☎099-247-1511 住鹿児島市吉野町9698-1 ¥1000円（仙巌園と共通）◑9〜17時 休3月第1日曜 Ｐ100台（1日300円）交バス停仙巌園前からすぐ MAP P135D1

1

みどころポイント 本館の建物本体と玄関の石の違い

玄関部分は、大正時代に博物館となったときに増築。石の質感が建物本体とは異なり、新しい印象

1天井を見上げると振動や熱に耐えた丈夫な小屋組みの様子がよくわかる 2外壁の石柱のいくつかは傾斜をつけた造り。中の展示品だけでなく、外観もじっくり見たい

2

島津薩摩切子ギャラリーショップ 磯工芸館
しまづさつまきりこぎゃらりーしょっぷ いそこうげいかん

薩摩切子の輝きを包む洋風建築

明治42年（1909）に島津家吉野植林事務所として吉田村（現鹿児島市）に建てられ、現在の地に移築された後、昭和61年（1986）から薩摩切子の展示・販売を行うギャラリーとして利用。薩摩切子のほか、薩摩ボタンや錫製品、屋久杉工芸品といった品々を展示・販売している。

☎099-247-8490 住鹿児島市吉野町9688-24 ¥無料 ◑9〜17時 休3月第1日曜 Ｐ20台 交バス停仙巌園前から徒歩2分 MAP P135D1

1

みどころポイント いたるところに島津家の紋が

玄関の屋根や四隅の屋根瓦など、いたるところに島津家の紋「丸に十の字」が残っている

1天井まで届く高さの窓が印象的なギャラリー部分。光を存分に採り入れる明るい室内 2磯工芸館に隣接する工場では製造工程の見学もできる（無料、月曜、第3日曜休み）

2

ふむふむコラム
fumu fumu

薩摩の歴史と偉人について
お勉強しましょう

薩摩藩と明治維新、それに関わる偉人など
知っておきたい薩摩の重要人物や事柄を解説します。

幕末期の薩摩ってどうだったの？

260年余りの長期政権だった江戸幕府の力が弱まり、近代的な国家をつくるか鎖国を続けるかで迷走した幕末。薩摩藩では外国勢力に対抗するため「富国強兵」を唱えた藩主島津斉彬が「集成館事業」を展開し影響力を強めた。さらに斉彬によって才能を見いだされた西郷隆盛など薩摩の若者たちが倒幕運動の中心となり、やがて明治維新という社会変革が起こった。

薩摩の歴史や幕末について詳しく知りたいなら鹿児島市維新ふるさと館(☞P54)へ

さいごうたかもり
西郷隆盛

MAP P137E1

文政10年(1828)～明治10年(1877)

下級武士だったが島津斉彬に才能を見出され、明治維新の立役者として活躍。新政府の要職に就くが意見が対立し帰郷、西南戦争で自刃する。

功績はこちら
倒幕の大きな力となった薩長同盟や江戸城無血開城などを実現。

ゆかりスポット
西郷洞窟(☞P33)、南洲公園(☞P21)、西郷隆盛・従道誕生地(☞P55)

おおくぼとしみち
大久保利通

MAP P136B3

文政13年(1830)～明治11年(1878)

西郷の幼なじみで共に明治維新で活躍。明治新政府では初代内務卿をはじめ要職を歴任、「富国強兵」の国づくりを目指した。

功績はこちら
新政府では廃藩置県や富国強兵を目指して殖産興業にも力を注いだ。

ゆかりスポット
大久保利通誕生地(MAP P136C4)、歴史ロード"維新ふるさとの道"(☞P55)

たどってみよう！観光オブジェ「時標」ときしるべ

薩摩には近代日本に影響を与えた人々が数多く誕生している。薩摩ゆかりの人々を身近に感じ、功績などを学べるのが、天文館周辺に設置された観光オブジェが「時標」だ。街歩きしながら気軽に歴史を学んでみて。

1 イギリス艦、鹿児島湾に現る

文久3年(1863)の薩英戦争の開戦に、大山巌、西郷従道、山本権兵衛も港へ駆けつけた。MAP P136C3

徒歩3分

2 樺山、黒田大いに語る

安政5年(1858)樺山資紀、黒田清隆など薩摩の若者たちは藩や日本の将来を語り合っていた。MAP P136C3

徒歩2分

3 黒田清輝、桜島の噴火を描く

洋画家の第一人者・黒田清輝は大正3年(1914)の桜島の大噴火を主題に数々の作品を描いた。MAP P137D3

島津斉彬
しまづなりあきら

MAP P137D1

文化6年(1809)〜安政5年(1858)

43歳で第11代藩主となり富国強兵に努め「集成館事業」を展開。優秀な人材を数多く発掘するが藩主就任7年余りで急逝する。

功績はこちら
集成館事業や優秀な人材を数多く登用して近代日本の礎を築き上げた。

ゆかりスポット
鹿児島城(鶴丸城)**MAP**P137F1)、照國神社(☞P32)、名勝 仙巌園(☞P38)

てるくにぶんこしりょうかん
照國文庫資料館

島津斉彬に関する資料のほか、島津重豪や薩摩藩についての資料などを展示。照國神社境内にある。

☎099-222-1820(照國神社) 住鹿児島市照国町19-35 ¥無料 営9〜16時 休無休 交バス停西郷銅像前から徒歩4分 P40台 **MAP**P137D1

やっと勢揃いした薩摩藩英国留学生たち

幕末期に極秘でイギリスへと向かった使節団の記念碑・若き薩摩の群像(**MAP**P136A3)。五代友厚や森有礼らとともに渡英したが薩摩藩出身ではないなどの理由で除外されていた2名(堀孝之、高見弥一)の像が加わり、2020年10月にやっと19名全員の像が完成。19名それぞれが日本の近代化の礎を築いた薩摩の偉人だ。

椅子に座っているのが高見弥一、立っているのが堀孝之

小松帯刀
こまつたてわき

MAP P137E2

天保6年(1835)〜明治3年(1870)

27歳で薩摩藩の家老となり幕末の藩政の中核となるが、わずか35歳で亡くなる。

功績はこちら
薩長同盟や坂本龍馬の亀山社中設立を援助するなど各方面との交渉に尽力。

ゆかりスポット
鹿児島城(鶴丸城)跡(**MAP**P137F1)、古里温泉(桜島シーサイドホテル)(☞P49)、名勝 仙巌園(☞P38)

天璋院篤姫
てんしょういんあつひめ

MAP P137F1

天保6年(1836)〜明治16年(1883)

今和泉島津家から藩主島津斉彬の養女となり第13代将軍家定の御台所となる。

功績はこちら
幕末の政情不安のなか、大奥を束ね、戊辰戦争では江戸城無血開城と徳川家の存続に尽力した。

ゆかりスポット
鹿児島城(鶴丸城)跡(**MAP**P137F1)、名勝 仙巌園(☞P38)

---

4 龍馬、お龍と薩摩でひと休み

徒歩5分

坂本龍馬は妻お龍とともに慶応2年(1866)薩摩を訪れる。これが日本初のハネムーン。**MAP**P137E3

5 重豪、薩摩の科学技術の礎を築く

徒歩5分

島津家25代当主・島津重豪は安永8年(1779)に天文台の明時館を設置。天文館の地名の由来。**MAP**P137F4

6 伊地知、吉井、政変について語る

徒歩3分

安政7年(1860)の桜田門外の変、薩摩に住む伊地知正治や吉井友実らも議論を重ねた。**MAP**P137E2

7 ウィリス、高木に西洋医学を説く

徒歩8分

明治初期、イギリス式近代医学教育を行ったウィリアム・ウィリス。医学者・高木兼寛も彼に学んだ一人。**MAP**P137F1

ふむふむコラム ● 薩摩の歴史と偉人についてお勉強しましょう

これしよう！
月読神社の
鳩みくじを引こう

かわいい形の鳩みくじを
引けば、結果次第では
恋が叶うかも!? (☞P48)

これしよう！
桜島溶岩なぎさ公園の
足湯に入ろう

フェリーを降りてすぐの絶
景足湯に浸かってみよう。
帰る前にどうぞ (☞P46)

これしよう！
桜島を
のんびり散策しよう

迫り来る桜島の凛々しさに
胸はずむ。約3kmにわたる
散策も楽しい (☞P46)

桜島は
ココにあります！

仙巌園
鹿児島駅
城山
天文館
鹿児島中央駅
桜島

マグマの島をひと巡り

桜島
さくらじま

桜島の特産品の一
つ・桜島小みかん。
小つぶながら強い
甘みが特徴だ。収
穫時期は11月下旬
〜12月下旬

こんなところ

ときに雄々しく灰色の噴煙を上げ、ときに
七色の光をたたえ美しく輝く桜島は、鹿児
島を語るのになくてはならない存在です。
歴史、溶岩、温泉、料理…知れば知るほど
パワフルでエネルギッシュ！眺めている
だけではもったいない、魅力あふれる島を、
ちょっと探検してみませんか。

a c c e s s

●JR鹿児島中央駅から
鹿児島交通バス・桜島桟橋
（かごしま水族館前）行きで
13分、かごしま水族館前下車
すぐ、桜島フェリーで15分、桜
島港下船

●天文館から
天文館通電停から市電で約
6分、水族館口電停下車、鹿
児島本港まで徒歩7分

合せ
☎099-298-5111
（観光交流センター）

～桜島 はやわかりMAP～

観光のヒント
散策にはレンタサイクルもオススメ
桜島ビジターセンター（☞P46）では24段切り替えのスポーツサイクルをレンタルしている。3時間2500円。

噴火の凄さをその目で確認して
3mもあった鳥居が今では上部1mだけのこんな姿に…。

遠目にもわかる迫力のモニュメント
長渕剛ファンでなくとも行っておきたい桜島ビュースポット。

「桜島」溶岩なぎさ公園足湯

鹿児島湾（錦江湾）

白浜温泉

割石崎

運動広場

権現神社

鹿児島市

御岳（北岳）

月読神社

1 桜島港

方崎

桜島自然恐竜公園

桜島港フェリーターミナル

6 道の駅「桜島」火の島めぐみ館（☞P48）

3 湯之平展望所（☞P48）

シン平

湯之平溶岩めぐり道路

中岳
南岳

安永溶岩（1779～80）

桜 島

文明溶岩（1471～76）

大燃崎
宇土港

昭和溶岩

権現山

黒神埋没鳥居（☞P49）

旅の里火山展望台

5

鍋山

長崎鼻

瀬戸崎

西郷岩

赤水池港

2 赤水展望広場（☞P48）

野尻湾

224

昭和溶岩（1946）

大正溶岩（1914）

昭和溶岩

大正溶岩

遊歩道なぎさ

溶岩道路

神瀬

ゴツい溶岩原の中でパワーチャージ！
海沿いに続く溶岩原の遊歩道は、桜島ならではの光景。

燃崎

古里公園

林芙美子文学碑

若宮神社

辰崎

古里港

観音崎

有村崎

4 有村溶岩展望所（☞P49）

220

国分へ

垂水市

垂水へ

220

0　1km　N

オススメコースは
3時間

噴煙をたなびかせることも珍しくない活火山・桜島。遊歩道を歩くだけでも桜島パワーを感じることができるハズ。湯之平展望所から間近に迫る北岳の迫力を感じてみて。

スタート
鹿児島タウン／桜島フェリーターミナル（鹿児島港）

▶ 船で15分 ▶ **1** 見学 桜島港
▶ 車で6分 ▶ **2** 見学 赤水展望広場
▶ 車で12分 ▶ **3** 見学 湯之平展望所
▶ 車で25分 ▶ **4** 見学 有村溶岩展望所
▶ 車で10分 ▶ **5** 見学 黒神埋没鳥居
▶ 車で24分 ▶ **6** 買う 道の駅「桜島」火の島めぐみ館
▶ 車で1分 ▶ ゴール 桜島港フェリーターミナル（桜島港）

火の島で大地のパワーを感じる
島へ渡って桜島巡りしましょう

市街地から見る桜島もいいけれど、せっかくなら桜島に上陸して。
フェリーで15分。島内をまわって火の島のパワーを直に体感してみましょう。

桜島巡りは
「サクラジマ アイランドビュー」も利用しよう

桜島港を発着点に、桜島ビジターセンター、赤水展望広場などの観光スポットを経由し、湯之平展望所までを循環する周遊バス。乗り降り自由の専用1日乗車券500円がお得。

1周約55分、9時30分〜16時30分まで30分おきに1日15便運行、運賃120〜440円（区間により異なる）☎099-257-2117（鹿児島市交通局バス事業課）

① 桜島ビジターセンター
さくらじまびじたーせんたー START

桜島に来たらまずここへ！

桜島の噴火の歴史や自然、観光情報などを、映像やジオラマで教えてくれるミニ博物館。ミュージアムショップも充実。
☎099-293-2443 住鹿児島市桜島横山町1722-29 ¥無料 ⏰9〜17時 休無休 P9台 交桜島港から徒歩10分 MAP P47

▲桜島を知るうえで欠かせないスポット

徒歩2分

② 「桜島」溶岩なぎさ公園足湯
「さくらじま」ようがんなぎさこうえんあしゆ

日本最大級！約100mの足湯

なんと！全長約100mの長い足湯。後ろには桜島、前方には鹿児島タウンを眺めながら、ゆったり源泉かけ流しの天然温泉が堪能できる。あずま屋もあるので、降灰対策もバッチリ!?
☎099-298-5111（観光交流センター）住鹿児島市桜島横山町 ¥無料 ⏰9時〜日没まで 休無休 P100台（近隣のPを含む）交桜島港から徒歩10分 MAP P47

▲潮風を感じながらの足湯体験を

徒歩すぐ

徒歩20分

③ 桜島溶岩なぎさ遊歩道
さくらじまようがんなぎさゆうほどう

溶岩原の海沿い道をゆるゆる歩く

烏島展望所まで約3kmにわたって続く、散策にピッタリの遊歩道。周辺には桜島を詠んだ俳人の句碑が並んでいる。溶岩の塊が散在するダイナミックな光景は、桜島ならでは。
☎099-298-5111（観光交流センター）住鹿児島市桜島横山町 ¥休散策自由 P20台 交桜島港から徒歩15分 MAP P47

▲日本の「遊歩百選」にも選ばれている▶溶岩越しに見る桜島は迫力満点

ゴツゴツした溶岩が迫力満点！

噴火している桜島は迫力満点！

桜島は日本を代表する活火山。日常的に噴火を体験できる。桜島の状況を知りたいときには、桜島ビジターセンターのHPをチェックしよう

▲爆発は日常茶飯事で、観光客が噴火に遭遇する場合も多い

からすじまてんぼうしょ
④ 烏島展望所

📍烏島展望所

かつて存在した島がこの下に…

錦江湾に浮かんでいた烏島は、大正3年（1914）の大噴火による溶岩流のため、完全に埋没。現在は展望所となっている。展望所には、桜島の沖合500m地点にあった烏島と、大正大噴火を解説した記念碑が建てられている。

☎099-298-5111（観光交流センター）住鹿児島市桜島赤水町
🕐見学自由 P20台 🚶桜島港から徒歩25分 MAP P47

桜島から見る市街地の夜景もキレイだよ

▲溶岩原の向こうに見えるのは鹿児島タウン

② 「桜島」溶岩なぎさ公園足湯 温泉センター

桜島

鹿児島湾 桜島中 桜峰小 ●東白浜
海水浴場
桜島港 権現神社
フェリーターミナル 26
桜島自然恐竜公園 鹿児島市
● ① 桜島ビジターセンター
月読神社 P.48 黒神埋没鳥居
湯之平展望所 黒神⼩
桜島港 ⑥ 湯之平展望所 P.49
⑦ 道の駅「桜島」火の島めぐみ館 黒神中学校前
湯之平 旅の里火山
溶岩めぐり道路 展望台
④ 烏島展望所 桜島
桜岳陶芸 P.77 文学碑前 ⑥ 有村溶岩展望所
薩摩赤水（鹿児島交通）P.49 黒神口
薩摩赤水（鹿児島市営）若宮神社 溶岩展望所前 220
③ 東桜島 垂水市
桜島 病院前 桜島小 古里温泉
溶岩 東桜島 224
なぎさ遊歩道 西郷岩 ●さくらじまホテル
● 桜島シーサイドホテル
⑤ 赤水展望広場 P.49
垂水へ

48ページへつづく

国分へ

アイランドビュー2分

📖 桜島ビジターセンター内のミュージアムショップでのオススメは100%桜島産の椿から絞った椿油。おみやげにいかが？

47ページからつづき

5 赤水展望広場
あかみずてんぼうひろば

📍赤水展望広場

桜島溶岩の巨大モニュメントが目印

平成16年（2004）の長渕剛オールナイトコンサート会場跡地に造られた緑地広場で、錦江湾や鹿児島市街地などが一望できるビュースポットでもある。「叫びの肖像」と名付けられた、高さ約3.4mの巨像に圧倒される。

☎099-298-5111（観光交流センター）🏠鹿児島市桜島赤水町3629-3 ¥無休見学自由 P20台 🚌桜島港から車で5分 MAP P47

▶38.2tもの溶岩を使って作られている「叫びの肖像」

アイランドビュー15分

ハートを見つけてハッピーに

噴煙が上がる様子が見えることも

▲振り返れば、荒々しい山肌が

場所は秘密です。自分で見つけてみて！

📍湯之平展望所

6 湯之平展望所
ゆのひらてんぼうしょ

♡を7つ見つけたら幸せ？

北岳の4合目、海抜373m。入山可能な場所で最も高い場所にある展望所で、絶好のビューポイント。敷地内にある7つのハート石を見つけたら幸せになれる…とか。いろんな形や大きさがある。

☎099-298-5111（観光交流センター）🏠鹿児島市桜島小池町1025 ¥無料 見学自由（売店9〜17時）無休 P30台 🚌桜島港から車で15分 MAP P47

アイランドビュー15分

月読神社
つきよみじんじゃ

港から徒歩3分　ここも寄ってこ！

縁結びにもご利益ありの神社。キュートな鳩みくじ200円で旅先での出会いを占ってみる？

☎099-293-2109 🏠鹿児島市桜島横山町1722-8 ¥無休境内自由 P20台 MAP P47

▲大吉が出るといいね

GOAL　📍火の島めぐみ館

7 道の駅「桜島」火の島めぐみ館
みちのえき「さくらじま」ひのしまめぐみかん

名産品の桜島大根と小みかん

桜島大根の加工品や桜島溶岩グッズ、びわ、椿油など、桜島の特産品を揃えた物産館で、みやげ探しに最適。ソフトクリームやうどんなど、名物の小みかんを使ったグルメも味わえる。

☎099-245-2011 🏠鹿児島市桜島横山町1722-48 ¥無料 🕘9〜17時（レストラン11〜14時LO）第3月曜（祝日の場合は翌日）P87台 🚌桜島港から徒歩5分 MAP P47

▲小みかんうどんセット850円▶おみやげ選びにも食事にも重宝するスポット ◀小みかんソフト250円

桜島以外にも
噴火で埋まった
鳥居があります

大正大噴火では垂水市の牛根麓稲荷神社の鳥居も火山灰などで埋没しました。展望所から見る桜島や牛根大橋の眺望も秀逸。駐車場7台あり。
☎0994-32-1111（垂水市水産商工観光課）MAP折込表E4

車で行ける、まだある観光スポット

さくらじまし―さいどほてる

`港から車で15分`

桜島シーサイドホテル

桜島の恵みを満喫できる絶景の露天風呂に立ち寄り

茶褐色の湯が特徴の温泉は、贅沢に源泉かけ流しで楽しむことができる。天気のいい日は錦江湾や大隅半島、薩摩半島の開聞岳まで望めるという展望のよさも自慢。

☎099-221-2121 住鹿児島市古里町1078-63 ￥500円 ⏰11時30分～20時 休無休 ℗20台 MAPP47

▶錦江湾や大隅半島を見渡せる混浴の露天風呂。水着、タオル着用OK

ありむらようがんてんぼうじょ

`港から車で20分`

有村溶岩展望所

噴火と再生の歴史を一望パワフルな光景が目の前に！

大正の大噴火で流出した溶岩の丘に立つ展望所で、壮大な溶岩原を観察できる。360度のパノラマビューは必見。みやげ物の販売所もある。

☎099-298-5111（観光交流センター）住鹿児島市有村町952 ￥休見学自由 ℗19台 MAPP47

▲南岳の麓なので、噴煙の迫力はハンパじゃない

くろかみまいぼつとりい

`港から車で30分`

黒神埋没鳥居

生き残ったアコウの老樹と大噴火の爪痕

大正大噴火の際に火山灰や軽石などで埋もれてしまった腹五社神社の鳥居で、噴火の脅威を物語っている。奥には小さな祠もある。

☎099-298-5111（観光交流センター）住鹿児島市黒神町 ￥休見学自由 ℗7台 MAPP47

▲この鳥居、噴火前は高さが3mもあったとか

`市内から眺める`
桜島絶景スポット

いしばしきねんこうえん

石橋記念公園

見事なアーチ型の石橋から望む桜島のたたずまいが美しい。

☎099-248-6661（石橋記念館）住鹿児島市浜町1-3 ￥見学自由 ℗100台 MAPP135D2

しろやま ほてる かごしま

SHIROYAMA HOTEL kagoshima

桜島の背後から黄金色に輝く朝日が昇っていくさまは、荘厳で神秘的。早朝からオープンしている展望露天温泉から眺めてみるのもいい。（☞P80）

めいしょう せんがんえん

名勝 仙巌園

島津家の別邸から眺める桜島は格別の美しさ。桜島を築山に、錦江湾を池に見立てたスケールの大きい絶景は、きっと記憶に残るはず（☞P38）

桜島 ● 島へ渡って桜島巡りしましょう

📖 赤水展望広場の近くには、西郷さんに見えるという溶岩の塊、「西郷岩」（MAPP47）があります。特に横顔に似ているといわれています。

癒やされスポットから手作り体験まで
郊外にもみどころがいっぱいです

鹿児島タウン郊外にも、訪れておきたいスポットが点在します。
ちょっと足を延ばして、郊外のプチトリップに出かけましょう。

ほんとにココ
動物園!?

❶ かごしましひらかわどうぶつこうえん
鹿児島市平川動物公園

**進化するアニマルスポットで
見て、ふれあって、癒やされたい**

人と動物にやさしい、南国鹿児島らしい動物公園。動物たちが自然の中でイキイキと暮らす様子を見ていると、なんだか癒やされてくるから不思議だ。園内には昭和の雰囲気を感じられる遊園地など、和みスポットもいっぱい。動物をモチーフにした園内バス（無料）も運行している。

☎099-261-2326 🏠鹿児島市平川町5669-1 ¥500円 🕐9〜17時（入園は〜16時30分）休12月29日〜1月1日 🚌バス停天文館から鹿児島交通バス動物園行きで50分、終点下車すぐ Ｐ630台（1日200円）
MAP P51A2

エントランスからすぐのアフリカ園から見る景観はサバンナのよう

癒やしのアニマル
コチラです

中国からやってきた
ホワイトタイガー
です

ホワイトタイガーは平川動物公園の人気者

集団で行動する
プレーリードッグ
です

立ち姿が愛くるしい。びっくりすると地下の巣穴に逃げ込んでしまう

犬の原種といわれる
ヤブイヌ
です

京都から来園したヤブイヌのサキョウとマドカ

カバの
龍馬です

カバのオス・龍馬はメスのナナミととっても仲良し

元気いっぱい
チンパンジー
です

2020年に生まれたチンパンジーのライチ。すくすく成長中!

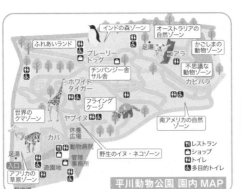
平川動物公園 園内MAP

ユーカリの
森にいる
コアラです

コアラの飼育頭数日本一! 九州でコアラが見られるのはここだけ!

動物公園の
お隣は
花の名所

平川動物公園に隣接する「錦江湾公園」
（MAP P51A2）のバラ園では、春と秋、約
240種、約1300株の色とりどりのバラが美
しく咲き誇り、香りを楽しませてくれる。秋には
コスモスも一緒に観賞できる。入園無料なの
で、気軽に立ち寄ってみて。

2 奄美の里
体験を通して大島紬の魅力を知る

奄美の民家を再現した奄美生活資料館。ハンカチの草
木染め体験(1700円、要予約)や大島紬の手織り体験
(3300円、要予約)などオリジナルの作品作りが楽しめ
る。大島紬の最高級ブランドである都喜ヱ門の美術館
や、大島紬の機織り、製造工程なども見学できる。

☎099-268-0331 🏠鹿児島市南栄1-8-1 ¥400円 🕘9〜17
時 休なし 🚃鹿児島中央駅前から市電1系統で40分、谷山電停下
車、徒歩20分 🅿150台 MAP P51A1

1 奄美独特の風景が広がる 2 大島紬を知る
うえで、都喜ヱ門の美術館は必見 3 手軽にチ
ャレンジできる、ハンカチの草木染め体験

3 鹿児島市立ふるさと考古歴史館
古代服を身にまとい、まが玉作りを体験できる

縄文時代から中世
までの遺物約30万
点が出土した不動
寺遺跡や遺物の展
示、発掘作業や高
さ約2mの巨大真
弧を体験できるコー
ナー、映像や模
型などで鹿児島市
の歴史を楽しく学
べる。また、平成27
年（2015）に世界

遺産に登録された「明治日本の産業革命遺産」についてもわかりや
すく紹介。まが玉作りや土器風鈴作り（別途各100円）体験もできる。

☎099-266-0696 🏠鹿児島市下福元町3763-1 ¥300円 🕘9〜17時 休月曜
（祝日の場合は翌平日）🚃JR鹿児島中央駅から指宿枕崎線で14〜20分、慈眼寺駅
下車、徒歩20分 🅿140台 MAP P51A1

1 小さい子どもも楽しく参加できる体験コーナー 2 慈眼寺公園の一角にある
3 約30万点もの遺物や出土した不動寺遺跡を紹介するコーナー

鹿児島市周辺

これしよう！
長島美術館でアートと
桜島を堪能

ここから見る桜島はまるで
絵画のよう。しっかり目に
焼きつけて（☞P56）

これしよう！
歴史好きじゃなくても
維新ふるさと館へ

よりディープに観光したい
なら、幕末期の薩摩につ
いて学んで（☞P54）

これしよう！
観覧車アミュランから
見る鹿児島もステキ

シースルーのゴンドラに乗
って、空中散歩はいかが？
（☞P58）

鹿児島中央駅は
ココにあります！

仙巌園
鹿児島駅
城山
天文館　桜島
鹿児島中央駅

駅を中心に賑わう注目のエリアです

鹿児島中央駅周辺

かごしまちゅうおうえきしゅうへん

こんなところ

JR九州新幹線などが発着する鹿児島の玄
関口、JR鹿児島中央駅。周辺にはホテルや
飲食店、商業施設が立ち並ぶ、鹿児島タウ
ンで最も注目されるエリアです。また、各
観光地へのバスや、鹿児島タウンを周遊す
るバスも発着し、鹿児島の観光の交通拠点
としても重要なエリアでもあります。

access

●博多駅から
JR博多駅から九州新幹線で
最速1時間16分、JR鹿児島
中央駅下車すぐ
●鹿児島空港から
鹿児島空港から空港リムジン
バスで最速38分、鹿児島中
央駅下車すぐ

（問合せ）
観光交流センター
☎099-298-5111
鹿児島中央駅総合観光案内所
☎099-253-2500

～鹿児島中央駅周辺 はやわかりMAP～

旅に関する疑問は
ココで解決！
観光をスタートする
前に、駅構内の観光案
内所で情報をゲット。

あの偉人さんも
この景色を眺めた？
甲突川沿いの道を歩
けば、幕末の偉人の
気分？

鹿児島駅へ

天文館通電停へ

大久保利通像

JR鹿児島本線

歴史ロード
"維新ふるさとの道"
（☞P55） **2**

市電（2系統）

高見橋

鹿児島中央局

黄金通り

高見橋電停

鹿児島
東急REIホテル

観覧車アミュラン
（☞P58） **1**

イオン

鹿児島市維新ふるさと館
（☞P54） **3**

川内駅へ

九州新幹線

アミュプラザ
鹿児島

若き薩摩の
群像

観光交流センター

南洲橋

新屋敷へ

鹿児島中央駅

東口

鹿児島中央駅前電停
・鹿児島中央ターミナルビル

ナポリ通り

アミュプラザ鹿児島
プレミアム館

ソラリア西鉄ホテル鹿児島

昔ながらの
商店街気分を体験
小さな店が並ぶ通り
をふらりと散策する
のも楽しい。

Li-Ka1・9・20

共研公園

甲南通り

5 とんかつ川久
（☞P56）

鹿児島上之園局

正縁寺

卍

タイヨー

J
R
指
宿
枕
崎
線

J
R
鹿
児
島
本
線

都通り

都通電停

4 すすむ屋 茶店
（☞P57）

観光のヒント
**観光交流
センターも活用して**
鹿児島市維新ふるさと館の対岸に
立つのが観光交流センター。観光
に役立つパンフレットや、休憩スペ
ース、トイレもあります。

あ
け
ぼ
の
通
り

伊集院方面へ

0   100m
N

指宿方面→

中洲通電停へ

鹿児島中央駅周辺

おすすめコースは
3時間30分

観覧車アミュランで眺めた
景色のなかを、鹿児島中
央駅からぐるりと巡るコー
ス。歴史の勉強をした後は、
ランチを味わったり、鹿児
島茶を扱うお茶屋さんでお
みやげ選びを楽しもう。

スタート	**1** 見学	**2** 見学	**3** 見学	**4** 買う	**5** 食べる	ゴール
JR鹿児島中央駅東口	観覧車アミュラン	歴史ロード"維新ふるさとの道"	鹿児島市維新ふるさと館	すすむ屋 茶店	とんかつ 川久	JR鹿児島中央駅東口
►	徒歩すぐ ►	徒歩5分 ►	徒歩3分 ►	徒歩8分 ►	徒歩4分 ►	徒歩3分 ►

53

鹿児島の歴史を知りたいなら
維新ふるさと館へ行きましょう

明治維新を支えた偉人を数多く生み出した鹿児島の歴史を知るなら、
まず訪れたい場所が、「鹿児島市維新ふるさと館」です。

ここに注目！
手や首など
まるで生きている
ように動く！

見学時間
約1時間
30分

①西郷隆盛など幕末有名人総登場の
ドラマ『維新への道』②『薩摩スチューデ
ント、西へ』のワンシーン③1階にある華
やかな篤姫展示見学スペース④甲突
川沿いにあり、春は桜並木が美しい

かごしまししいしんふるさとかん
鹿児島市
維新ふるさと館

鹿児島の歴史をまるごと学ぶ
体感型の歴史観光施設

西郷隆盛など明治維新を支えた
偉人たちや、幕末期の薩摩の様
子、鹿児島に関する情報が凝縮さ
れた歴史観光施設。維新体感ホー
ルで上演する、西郷さんなど偉人
にそっくりのロボットが幕末から明
治を紹介するドラマ『維新への道』
が人気。見て、聞いて、ふれて、薩
摩の歴史を学んで。

☎099-239-7700 住鹿児島市加治屋
町23-1 ¥300円、小・中学生150円 ⏰9
～17時（入館は～16時30分） 休無休
🚃JR鹿児島中央駅東口から徒歩8分
🅿24台 MAP P136B3

ごじゅう
郷中教育とは？

年長者が年下の者に指
導をする、という薩摩の
教育制度のことです。武
士階級の子は、6～7歳
になると郷中入りし、剣術
から武士の心構えにいた
るまでを学びます。西郷
隆盛も郷中のリーダーを
務め、彼の指導を受けた
多くの後輩たちが明治
維新で活躍しています。

アテンダント／中薗藍さん

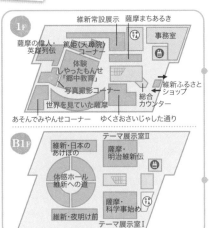

1F
維新常設展示　薩摩まちあるき
薩摩の偉人・　篤姫（天璋院）
英雄列伝　コーナー
事務室
体験
しやったもんせ
「郷中教育」
写真撮影コーナー
維新ふるさと
ショップ
総合
カウンター
世界を見ていた薩摩
あそんでみやんせコーナー　ゆくさおさいじゃした通り

B1F
維新・日本の
あけぼの
テーマ展示室Ⅱ
薩摩・
明治維新伝
体感ホール
維新への道
薩摩・
科学事始め
維新・夜明け前
テーマ展示室Ⅰ

日本初のロシア語辞典
は薩摩人が
作ったものです

江戸中期、嵐に遭ってロシアに漂着した薩摩の少年ゴンザ。『新スラブ・日本語辞典』など、6冊の辞典や会話集を手がけ、21歳で世界した。天文館には彼の名をつけた「ゴンザ通り」（**MAP**P137E3）があります。

\維新ふるさと館の/
見学スポット

1F　英雄の道

体験しやったもんせ「郷中教育」
薩摩独特の教育制度

薩摩独自の教育方法「郷中教育」などを、映像を使った体験展示で楽しく学ぶことができる。押し相撲や川遊びなど、幼少期～青年期の西郷隆盛たちが体験した遊びにチャレンジしてみよう。

西郷どんと押し相撲で力比べしてみては？

世界を見ていた薩摩
日の丸、君が代のルーツ

嘉永6年（1853）に、薩摩で造船が開始されて初めての洋式軍艦「昇平丸」に掲げられた旗印が現在の「日の丸」となり、薩摩琵琶の名曲の詩の一節に曲をつけたものが「君が代」のルーツだ。

現在とはかなり違う曲調の君が代にびっくり！

写真撮影コーナー
意外と長身！西郷さん

西郷隆盛は身長178cmで108～120kg。大久保利通も178cmで70kgと、2人とも幕末から明治時代の人としてはかなりの長身。特に恰幅のよかった西郷さんは目立ったに違いない？

西郷さんサイズの軍服を着て、記念撮影してみては？

B1F　維新の道

体感ホール
幕末をリアルに体験

西郷隆盛などの偉人がリアルな表情と動きのロボットで登場するドラマ『維新への道』人物実写とCGで構成されるドラマ『薩摩スチューデント、西へ』は開館中に上演される。

前だけでなく、座席の後ろからも誰かが出てくる！

テーマ展示室Ⅰ
激動の幕末の様子を解説

薩長同盟、王政復古と倒幕など、教科書で習った幕末から明治維新までの主な出来事や薩摩の様子を、ジオラマや映像などでわかりやすく解説。日本近代史のおさらいもこれで完璧かも！?

銀盤写真機の前でポーズをとってみよう

テーマ展示室Ⅱ
集成館事業を楽しく学ぶ

幕末の薩摩藩主・島津斉彬が推進した造船、紡績、製鉄などの「集成館事業」は現代の暮らしに欠かせない技術ばかり。このコーナーでは、模型などで、集成館事業について学ぶことができる。

幕末クイズにも挑戦！何問答えられるかな？

\まだある！薩摩の歴史スポット/

れきしろーどいしんふるさとのみち
歴史ロード"維新ふるさとの道"

甲突川沿いの緑地帯に整備された歴史スポットで、郷中教育の基礎として用いられた47首の「いろは歌」を紹介する案内板、下級武士の住居を再現した屋敷などが設置されている。
☎099-298-5111（観光交流センター）
🏠鹿児島市加治屋町 🕐🈳見学自由 🚌バス停維新ふるさと館前からすぐ 🅿なし **MAP**P136B3

入口広場は大手門風のたたずまい（高麗橋側）

さいごうたかもり・じゅうどうたんじょうち
西郷隆盛・従道誕生地

維新ふるさと館にほど近く、現在は2人の誕生地を示す碑があるのみ。西郷従道は西郷隆盛の弟で、園内には東京・目黒の従道邸にあった庭石も置かれている。
☎099-298-5111（観光交流センター）
🏠鹿児島市加治屋町 🕐🈳見学自由 🚌バス停維新ふるさと館前から徒歩2分 🅿なし **MAP**P136C3

静かなこの場所で、西郷さんに思いを馳せよう

 歴史ロード"維新ドラマの道"（**MAP**P136C4）には、スマホをかざすと絵が動きだす「歴史ドラマAR」あり。

ココにも行きたい

鹿児島中央駅周辺のおすすめスポット

長島美術館
ながしまびじゅつかん

桜島を一望できる美術館

海抜110mの高台にあり、庭園から錦江湾にそびえる桜島や鹿児島市街地を一望できる眺望のよさでも知られる美術館。シャガールやロダンといった海外作家をはじめ、郷土出身画家の黒田清輝などの絵画や彫刻、薩摩焼など、展示品も多数ある。
DATA ☎099-250-5400 住鹿児島市武3-42-18 ⏰9～17時 休火曜(特別企画展・その他企画展の期間は無休の場合もあり) 交JR鹿児島中央駅西口から車で5分 P200台 **MAP** P134A4

亜熱帯樹に囲まれた緑豊かな美術館

館内だけでなく、屋外にもオブジェ作品が点在

郷土料理・黒豚しゃぶ鍋・ぞうすい 八幡
きょうどりょう・くろぶたしゃぶなべ・ぞうすい はちまん

オシャレな店内で味わうしゃぶしゃぶ

異なる味わいのスープを選べる黒豚しゃぶしゃぶで人気の店。キビナゴ刺身などの薩摩料理も充実。芋焼酎は希少銘柄100種。
DATA ☎0120-383-088 住鹿児島市中央町2-4-2階 ⏰11時30分～14時30分、17時～翌2時(金・土曜、祝日前は～翌3時) 休無休 交JR鹿児島中央駅東口から徒歩2分 Pなし **MAP** P136B3

寿庵 中央駅西口店
じゅあん ちゅうおうえきにしぐちてん

ハーブ塩で楽しむひと味違う塩しゃぶ

黒豚の塩しゃぶランチ1人前2860円が名物。渡辺バークシャー牧場で育った六白黒豚を使用。素材にこだわった天然のツユにくぐらせ、ほんのり下味がついた肉を桜島小みかんなどの6種のハーブ塩で味わう。

DATA ☎099-297-5830 住鹿児島市武1-3-1 ⏰11～21時LO(ランチは～15時LO) 休無休 交JR鹿児島中央駅西口から徒歩2分 P20台 **MAP** P136A2

鶏料理 みやま本舗 鹿児島中央駅店
とりりょう みやまほんぽ かごしまちゅうおうえきてん

刺身から炙りまで地鶏の魅力を再発見

鹿児島の味覚の一つに数えられる鮮度抜群の厳選した鶏を使った料理を楽しめる店。鹿児島らしい鶏の刺身やたたきはぜひ食してほしい郷土の味。プリプリした歯ごたえのブランド鶏・黒さつま鶏も必食。

DATA ☎099-253-2228 住鹿児島市中央町1-1ぐるめ横丁 ⏰11～22時 休無休 交JR鹿児島中央駅直結 P有料2042台 **MAP** P136A3

炭焼き初代 はぜる
すみやきしょだい はぜる

超高温で焼き上げるカツオの藁焼きがウリ

枕崎産の本ガツオを超高温で焼き上げた藁焼きが看板メニュー。黒豚しゃぶしゃぶなどが味わえる郷土コース2700円(要予約)のほか、黒豚なんこつ煮込み999円など郷土色豊かなメニューが揃う。
DATA ☎099-297-5000 住鹿児島市中央町1-1アミュプラザ鹿児島5階 ⏰11～22時 休無休 住鹿児島中央駅直結 P有料1810台(ほか提携駐車場あり) **MAP** P136A3

薩摩 黒豚百寛
さつま くろぶたひゃっかん

「かごしま黒豚」を食べるなら

鹿児島ブランドの「かごしま黒豚」を、人気のしゃぶしゃぶやせいろ蒸しで食べられる。しゃぶしゃぶは昆布とカツオの特製だしで風味豊かな味わい。ほかにも一品料理などが充実している。

DATA ☎099-255-1232 住鹿児島市西田2-20-9 ⏰昼ัน11時30分～14時LO、夜部17時30分～22時LO 休不定休 交JR鹿児島中央駅西口から徒歩3分 P契約駐車場利用(補助あり) **MAP** P136A2

とんかつ 川久
とんかつ かわきゅう

鹿児島のおいしい豚肉を存分に

「肉は厚く、衣は薄く」が特徴のとんかつ。なんといってもその厚みが魅力的な。とんかつには主に霧島産のひなもりポークを使用しているが、黒豚ロースかつ定食2700円など黒豚を使ったメニューもある。

DATA ☎099-255-5414 住鹿児島市中央町21-13 ⏰11時30分～14時30分LO、17～21時LO 休火曜 交JR鹿児島中央駅東口から徒歩3分 Pなし **MAP** P136A3

鳥門米門うまいもん。総本家
とりもんまいもんうまいもん。そうほんけ

つくねキングと薩摩料理が自慢

「こんなつくね食べたことない！」と評判の絶品つくねを提供。名物のつくねキングは特注のミンチマシンで粗挽きにするところからひとつひとつ丁寧に仕上げた逸品だ。すぐに席が埋まるので、確実に入店したいなら予約がおすすめ。
DATA ☎099-296-9629 住鹿児島市中央町21-10-1階 ⏰17～24時 休無休 交JR鹿児島中央駅東口から徒歩3分 Pなし **MAP** P136A3

焼酎庵 武三
しょうちゅうあん たけぞう

鹿児島の夜は焼酎で乾杯！

100種類の焼酎がずらりと並ぶ棚が印象的な、大人の雰囲気の店内。焼酎は希望すれば、鹿児島ならではの酒器・黒ぢょかで提供してくれる。焼酎によく合う鹿児島の食材を使った料理も多数揃う。**DATA**☎099-255-8035 **住**鹿児島市中央町7-1 **⏰**18〜23時LO 日曜（月曜が祝日の場合は日曜も営業）**交**JR鹿児島中央駅東口から徒歩5分 **P**なし **MAP**P136B3

Café & Trattoria Arbor
かふぇ あんど とらっとりあ あーばー

緑の中の隠れ家イタリアンバール

鹿児島中央駅西口を出たすぐの場所にありながら、緑の木々に囲まれたテラス席があるなど、まるで郊外にいるような雰囲気を味わえる、緑豊かなイタリアンバール。カフェはもちろんのこと、パスタ、スイーツのほか、夜は本格イタリア料理やワインが楽しめる。**DATA**☎099-258-3700 **住**鹿児島市西田2-23-3-101 **⏰**11〜21時LO **休**火曜 **交**JR鹿児島中央駅西口から徒歩3分 **P**なし **MAP**P136A2

hikaruya
ひかるや

甲突川沿いの朝カフェでオシャレな朝ごはんを

甲突川沿いにある小さなカフェ。早朝からオープンしていて、朝はフレンチトーストなどのモーニングを、昼は無農薬の有機野菜を使用したランチメニューを提供している。キッシュやタルトは数量限定なので早めの来店がベター。**DATA**☎099-223-8104 **住**鹿児島市加治屋町5-12リバーサイド高麗橋102 **⏰**7〜17時（日曜は〜12時）**休**月曜 **交**JR鹿児島中央駅東口から徒歩10分 **P**なし **MAP**P136C4

Kurozu Farm
くろず ふぁーむ

黒酢を知り黒酢を楽しむ

「坂元のくろず」で知られる坂元醸造のオリジナル商品が数多く並ぶアンテナショップ。黒酢ドリンク赤ぶどう・白ぶどう各756円など多彩な商品を販売するほか、カフェスペースでは黒酢入りソースをかけた黒酢サンデー・クランベリー418円などが味わえる。**住**鹿児島市上之園町21-15 **⏰**10時〜18時30分 **休**無休 **交**JR鹿児島中央駅東口から徒歩8分 **P**5台 **MAP**P134B4

すすむ屋 茶店
すすむや ちゃてん

日本茶ライフを楽しむショップ

和モダンな外観が目を引く新進気鋭の茶店。県内各地に産地をもつ、個性豊かな鹿児島茶と急須や湯呑み、茶筒などオリジナルの茶具を販売。喫茶スペースもあり、自慢の緑茶を季節の和菓子やぜんざいと一緒に味わえる。**DATA**☎099-251-4141 **住**鹿児島市上之園町27-13 **⏰**10〜18時（喫茶は〜17時45分LO）**休**水曜（祝日の場合は営業）**交**JR鹿児島中央駅東口から徒歩8分 **P**なし **MAP**P136A4

かるかん元祖 明石屋中央店
かるかんがんそ あかしやちゅうおうてん

鹿児島のおみやげに「かるかん」を

鹿児島の伝統菓子、かるかん。島津斉彬公（☞P43）のお声がかりで生まれ、天然の山芋・自然薯と米の粉で作られる上品な味わいの蒸し菓子は、鹿児島みやげにも人気。かるかんは5枚入り1188円、餡の入ったかるかん饅頭は5個入り918円。**DATA**☎099-251-5533 **住**鹿児島市中央町2-2 **⏰**9〜18時 **休**無休 **交**JR鹿児島中央駅東口から徒歩2分 **P**1台 **MAP**P136B3

周辺で食べられる 鹿児島新鮮魚介

三方を海に囲まれた鹿児島。鹿児島中央駅周辺では、新鮮魚介をリーズナブルに味わえます。

ちりめん・しらす専門店 凪
ちりめん・しらすせんもんてん なぎ

名物のしらすを使ったグルメが豊富

釜揚げしらす丼は小鉢、漬物、汁付きで748円。**DATA**☎099-208-4104 **住**鹿児島市中央町21-4永井ビル **⏰**10〜21時（食事11時15分〜14時45分LO、18〜20時LO）**休**木曜、ほか不定休 **交**JR鹿児島中央駅東口から徒歩1分 **P**なし **MAP**P136A3

漁業直営店 魚庄
ぎょぎょうちょくえいてん うおしょう

朝どれピチピチ魚を漁場直送！

大将自ら釣り上げた魚を、注文を受けてからさばく、特上泳ぎサバは脂がのって新鮮そのもの。刺身は1人前1650円。**DATA**☎099-250-2325 **住**鹿児島市中央町24-18 **⏰**16〜23時 **休**日曜 **交**JR鹿児島中央駅東口から徒歩5分 **P**なし **MAP**P136A4

長島大陸食堂 TAGIRUBA
ながしまたいりくしょくどう たぎるば

長島名物の茶ぶりをお手頃価格で

お茶を食べて育った茶ぶり料理が名物。焼酎も豊富。**DATA**☎099-201-3318 **住**鹿児島市中央町19-40 Li-Ka1920 **⏰**11時30分〜23時30分（ランチは〜14時）**休**無休 **交**JR鹿児島中央駅東口から徒歩1分 **P**約200台 **MAP**P136A3

「鹿児島中央駅」は、新幹線が開業する以前は「西鹿児島駅」、通称「西駅」という駅名でした。いまだに「西駅」とよぶ人も。

鹿児島の玄関口・鹿児島中央駅
駅周辺のランドマークをチェック!

九州新幹線が発着する鹿児島の陸の玄関口・鹿児島中央駅周辺は、
アクセスの要&飲食店、ショップが集結する観光の拠点です。

Ⓐ さつまちかごしまちゅうおうえき みやげよこちょう
さつまち鹿児島中央駅 みやげ横丁

鹿児島銘菓やさつま揚げなど、みやげを取り扱う店舗が一堂に揃う。改札口の近くにあるのでなにかと便利。☎099-812-7700 🏠鹿児島市中央町1-1 🕘9〜19時 (一部店舗は8〜20時) 🈺無休 🚉JR鹿児島中央駅直結 🅿有料2050台 MAP P136A3

Ⓑ あみゅ ういー ぐるめよこちょう
AMU WE ぐるめ横丁

鹿児島中央駅西口に2023年4月オープンのAMU WE。改札近くのぐるめ横丁では鹿児島ラーメンや黒豚料理など鹿児島グルメを味わえる。☎099-812-7700 🏠鹿児島市中央町1-1 🕘11〜21時 (一部店舗は異なる) 🈺無休 🚉JR鹿児島中央駅直結 🅿有料2050台 MAP P136A3

Ⓓ かごしまちゅうおうえき そうごうかんこうあんないじょ
鹿児島中央駅 総合観光案内所

観光や宿泊施設、交通機関の案内、観光タクシーの手配 (当日のみ) などをしてくれる。無料のパンフレットも揃っている。☎099-253-2500 🕘8〜19時 🈺無休

Ⓔ らいかいちぎゅうにいまる
Li-Ka1920

食べる、買う、楽しむが一堂に会した商業ビル。1階のライカ屋台村では鹿児島の食材をふんだんに使った料理が楽しめると好評だ。☎099-203-0682 🏠鹿児島市中央町19-40 🕘10〜20時(飲食店は〜23時30分) 🈺無休 🚉JR鹿児島中央駅から徒歩1分 🅿約200台(税込2000円以上の買い物・飲食で2時間無料) MAP P136A3

Ⓒ あみゅぷらざかごしま
アミュプラザ鹿児島

グルメ、ファッション、生活雑貨から映画館まで多彩な店舗が揃う。本館の地下1階では地元グルメを味わえるほか、鹿児島みやげも手に入る。☎099-812-7700 🏠鹿児島市中央町1-1 🕘10〜20時 🈺不定休 🚉JR鹿児島中央駅直結 🅿有料2050台 MAP P136A3

かんらんしゃあみゅらん
観覧車アミュラン

アミュプラザの建物の上にある直径約60m、最大高91mの大観覧車。2個あるシースルーゴンドラはスリル満点と人気。桜島や市街地を一望しよう。💴搭乗1人500円 🕘12時〜19時45分(土・日曜、祝日10時〜) 🈺不定休(アミュプラザに準ずる)

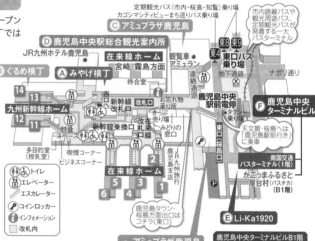

定期観光バス(市内・桜島・知覧)乗り場
カゴシマシティビューまち巡りバス乗り場

Ⓒ アミュプラザ鹿児島

市内路線バスや観光周遊バス、定期観光バスが発着する一大バスターミナル

Ⓓ 鹿児島中央駅総合観光案内所
JR九州ホテル鹿児島
在来線 ホーム
宮崎・霧島方面
待合室

東8 東9
東口バス
乗り場
地下通路
ナポリ通り

Ⓑ ぐるめ横丁 Ⓐ みやげ横丁
観覧車・アミュラン
連絡通路

14
13
九州新幹線ホーム
12
11
西口
新幹線改札
改札口
新幹線乗換口
待合スペース

お忘れ物承り所
きっぷ売り場
改札口
在来線改札
みどりの窓口

鹿児島中央駅前電停
タクシー乗り場

Ⓕ 鹿児島中央ターミナルビル

天文館・桜島へは「鹿児島駅前行き」に乗車

多目的室(授乳室)
喫煙コーナー
ビジネスコーナー

在来線 ホーム

JR九州旅行 鹿児島支店

東口(桜島口)

南国交通バスターミナル(1階)

かごっまふるさと屋台村(バスチカ)(B1階)

6 5 4 3 2 1

🚻 トイレ
🛗 エレベーター
▱ エスカレーター
🔒 コインロッカー
ℹ インフォメーション
☐ 改札内

鹿児島タウン・桜島方面出口はコチラ(東口)

Ⓒ アミュプラザ鹿児島プレミアム館

Ⓔ Li-Ka1920

Ⓕ かごしまちゅうおうたーみなるびる
鹿児島中央ターミナルビル

地下1階、地上14階のビルで、鹿児島中央駅と地下通路で直結している。空港連絡バスや九州各地への高速バスが発着するバスターミナルやホテルもあり観光の拠点としても最適。☎099-225-3911 🏠鹿児島市中央町11 🕘店舗により異なる 🚉JR鹿児島中央駅から徒歩1分 🅿有料駐車場あり MAP P136B3

かごしまふるさとやたいむら(ばすちか)
かごっまふるさと屋台村(バスチカ)

鹿児島黒豚や黒さつま鶏など鹿児島ならではの食材を使った料理を提供する名店18店が集結。🕘🈺店舗により異なる

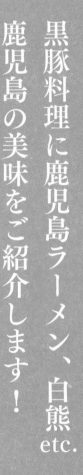

黒豚料理に鹿児島ラーメン、白熊etc.
鹿児島の美味をご紹介します！

鹿児島を訪れて、ハズせない料理といえば黒豚。
しゃぶしゃぶで食べる？ それともとんかつ？
白熊も食べたいし、芋焼酎もたしなみたい……。
あれもこれもと欲張るのも、旅の醍醐味です。

鹿児島が誇るブランドポーク
黒豚料理を食べましょう

鹿児島グルメといえば、何よりも先に黒豚料理です。
しゃぶしゃぶ、とんかつなど、調理法でかくも違う味わいの妙を楽しみましょう。

黒豚がおいしいワケ

サツマイモを飼料としているため肉質がやわらかく、脂があっさりとして甘いです。

▶特選黒しゃぶコース。バラの花びらのように巻いた肉が、黄金色のスープにほどける

メニュー
- ●特選黒しゃぶコース 4400円（1人前、1名～受付）
- ●味盛レディースセット 1600円
- ●黒豚ロースかつセット 1000円（平日のランチタイムのみ）

天文館

くろぶたりょうりあぢもり
黒豚料理あぢもり

黒豚しゃぶしゃぶの元祖はココ！

かつて食肉としての存亡危機に陥るまで需要が衰退していた黒豚。そこで、社長自ら全国をまわり、鹿児島黒豚のおいしさをPRし続けたという草分け的な店。秘伝のスープと地鶏で味わう黒豚しゃぶしゃぶは、素材の豊潤なうま味と香りを贅沢に堪能できる逸品。牛肉では味わえないあっさりしたおいしさに、どんどん箸がすすみそう。ランチタイムなら3300円～（要予約）とちょっとお得。

☎099-224-7634 🚃鹿児島市千日町13-21 🕐11時30分～13時入店,17時30分～20時入店(とんかつは11時30分～14時15分LO) 🈂水曜、ほか不定休あり 🚉天文館通電停から徒歩5分 🅿なし MAP P137D3

コチラも人気

◀ロース、ヒレ、バラ、3種類のとんかつが味わえる、黒豚スペシャルミックスかつセット2100円

▲芸能人も多数来店する人気店

▲黒豚カルビ溶岩焼きは溶岩焼きのなかで一番人気

コチラも人気
▶1人前から注文できる黒豚しゃぶしゃぶ

メニュー
- ●黒豚しゃぶしゃぶ(野菜・ラーメン付き) 2178円
- ●黒豚カルビ溶岩焼き 1078円
- ●黒豚ロースとんかつ120g定食 1518円

▲焼酎唎酒師厳選の本格焼酎も370銘柄以上

鹿児島中央駅周辺

かごしまくろぶた ろっぱくてい
かごしま黒豚 六白亭

黒豚を幅広いメニューで提供

鹿児島県産の黒豚を、定番のしゃぶしゃぶ、遠赤外線効果のある溶岩プレートで焼く溶岩焼き、とんかつなどでいただける。焼酎唎酒師のオーナーが揃えた焼酎と一緒に味わって。

☎099-251-9008 🏠鹿児島市西田2-12-34 🕐11～14時LO,17時30分～22時LO 🈂無休 🚉JR鹿児島中央駅西口から徒歩2分 🅿4台 MAP P136A2

鹿児島には黒豚以外にも
おいしい豚肉が
あります

鹿児島には黒豚以外にもブランド化された豚肉があります。Zino（MAP P137D3）では、緑茶粉末やその成分カテキンなど含む飼料を食べて育った茶美豚（チャーミートン）のロースカツ膳1280円を食べられます。

天文館
くろぶた
黒福多

黒豚のおいしさを味わい尽くす

黒豚のヒレ肉を、竹炭を混ぜた黒いパン粉で揚げた黒カツヒレがイチオシメニュー。衣がサクッではなく「パリッ」とした新食感のとんかつだ。

☎099-224-8729 住鹿児島市千日町3-2カマツキビル ◷11時30分～14時LO、17時30分～21時30分LO 休月曜（祝日の場合は翌日）交天文館通電停から徒歩3分 Pなし MAPP137D3

▲特製黒パン粉のインパクトとやわらかさに驚く黒カツヒレ1920円

コチラも人気

◀黒豚料理を贅沢に9品も楽しめるしゃぶ膳コース6050円

メニュー
●黒福多づくし 3850円
●黒カツヒレ（単品） 1920円
●黒豚カツサンド（テイクアウト） 1000円

▲テイクアウトメニューもある

▲ヒレとロース、どちらも楽しめる黒かつ亭定食

コチラも人気

◀鹿児島黒豚肉まん「黒ぶた侍」3個1512円は鹿児島銘品蔵（→P73）でも販売

▲こちらもおすすめ！上ロースかつ定食1890円

メニュー
●黒かつ亭定食 1690円
●上ロースか・ツランチ 1290円

鹿児島中央駅周辺
さつまくろぶたとんかつせんもんてん くろかつてい
薩摩黒豚とんかつ専門店
黒かつ亭

サクサクジューシーの極上とんかつ

熟成させてうま味とやわらかさを最大限に引き出した厳選黒豚を、自家製パン粉で包み、ブレンド油で揚げたとんかつは、文句なしのおいしさ。

☎099-285-2300 住鹿児島市中央町16-9中原ビル1階 ◷11時～15時30分、17～22時LO 休無休 交JR鹿児島中央駅東口から徒歩5分 P4台 MAPP136A4

天文館
ゆうしょくとんさいいちにいさんてんもんかんてん
遊食豚彩いちにぃさん
天文館店

そばつゆ仕立ての黒豚しゃぶしゃぶ

地元の人気そば店が母体で、そばつゆにつけていただくしゃぶしゃぶが名物。コラーゲンと野菜たっぷりの蒸ししゃぶもオススメ。

☎099-225-2123 住鹿児島市東千石町11-6そばビル2・3階 ◷11時～20時30分LO（ランチタイムは～15時）休無休 交天文館通電停から徒歩3分 Pなし MAPP137F4

▲▶蒸ししゃぶ（上）とそばつゆのつけ汁（右）

コチラも人気

メニュー
●蒸ししゃぶ2900円
●黒豚の野菜蒸しセット 1180円
●黒豚のバラかつセット 1200円

▲ランチ限定メニューの黒豚ねぎしゃぶセット1000円

▶天文館ぴらもーるアーケードの真ん中にある

📖 「黒かつ亭」は天文館（MAPP137E2）に、「いちにぃさん」はアミュプラザ鹿児島（MAPP136A3）5階にも店舗があります。

海の幸と山の幸、滋味豊かな 薩摩の郷土料理を食べてみましょう

鹿児島の風土が育むふるさとの伝統的な味は
地産地消を盛り上げるマチナカグルメとして、今なお健在です。

天文館

せいちょうさつまりょうり くまそてい

正調さつま料理 熊襲亭

正調とよばれる本格派の味をどうぞ

薩摩の伝統的な郷土料理を会席で味わえる有名店。温かいものは温かいうちに、冷たいものは冷たいうちに「正しく」「調子よく」出てくる。素朴でシンプル、ときに豪快ともいえる薩摩ならではの料理を堪能しよう。コースは3850円〜、ランチ1980円〜。
☎099-222-6356 🏠鹿児島市東千石町6-10 🕐11時30分〜14時LO、17時30分〜21時30分LO 🈳無休 🚃天文館通電停から徒歩3分 🅿2台 MAP P137F4

鹿児島では、つけ揚げとよばれるさつま揚げは660円

格調高い正統派の雰囲気が漂う

キビナゴの刺身やさつま揚げ、酒ずしなど、薩摩料理のあれこれを堪能できる貴コース6050円

鹿児島の代表的な 郷土料理

薩摩の郷土料理は、醤油や味噌に代表されるように、全体的に甘く、重厚な味付けが特徴です。海岸線が長く山野が多いので、山海の幸に恵まれ、また琉球や奄美など南の島々からの影響も受けています。

（撮影協力・熊襲亭）

さつま揚げ

エソ、グチ、イワシなど白身魚のすり身を地酒や塩で調味し、菜種油で揚げたもの。おみやげとしても人気の薩摩の味

豚骨

骨付きの黒豚を合わせ味噌や焼酎、黒糖で味付けし、長時間煮込み、しょうがで香り付けしたもの

酒ずし

1:1の割合でご飯に地酒をしみこませたものに、旬の山海の幸を散らしたお寿司。江戸時代から400年の歴史をもつ

鹿児島中央駅周辺

わかな ちゅうおうえきにしぐちてん

吾愛人 中央駅西口店

一度は訪れたい薩摩郷土料理の老舗

昭和21年(1946)創業の郷土料理の老舗。創業当時から受け継ぐ名物のみそおでんや黒豚しゃぶしゃぶなど、薩摩の郷土料理や地元の新鮮な素材を生かしたメニューが並ぶ。著名人も多数訪れる鹿児島でも屈指の名店。☎099-286-1501 🏠鹿児島市西田2-21-21 🕐17〜22時LO 🈳無休 🚃JR鹿児島中央駅西口から徒歩2分 🅿なし MAP P136A2

郷土料理と極上六白黒豚のしゃぶ鍋コース4500円(写真は2人前)

スペシャルな日に訪れたい一軒

キビナゴの刺身や地鶏の刺身、黒豚しゃぶ鍋など、素材を吟味し、職人の技で仕上げた郷土料理が並ぶ和懐石、西郷膳4300円(写真は一例)

鹿児島の醤油は砂糖のように甘い？

「砂糖が入ってる？」と感じるほど、鹿児島の醤油は甘い味わい。でも、この甘口が芋焼酎とベストマッチ。みやげ店などでおしゃれなラベルの醤油も販売している。100㎖入り280円。（丁子屋☎099-226-8686 **MAP**P134C4）

鹿児島グルメ ● 薩摩の郷土料理を食べてみましょう

きょうどりょうりさつまじ
郷土料理さつま路

単品でもコースでもお好みでどうぞ

昭和34年(1959)創業。伝統的な郷土料理はもちろん、鹿児島ブランドの黒毛和牛や黒豚しゃぶしゃぶも好評だ。伝統ある料理を、コースだけでなく単品でも気楽に食べられるのが魅力。
☎099-226-0525 **住**鹿児島市東千石町6-29 **時**11時30分〜14時LO、17時30分〜20時30分LO **休**12月29日〜1月3日 **交**天文館通電停から徒歩5分 **P**なし **MAP**P137F4

見た目も鮮やか、キビナゴの刺身（一人盛り825円〜）

鹿児島を代表する薩摩料理の店

おなじみのキビナゴや豚骨のほか、黒豚しゃぶしゃぶなどを贅沢に揃えた霧島コース5720円（写真はイメージ）

地鶏のタタキ

各家庭で鶏を飼っていた時代に、客人が来た際に振る舞ったもてなし料理。地鶏のコリコリした歯ごたえが特徴

キビナゴの刺身

銀色に青縞が入った体長10cmほどの魚はイワシの仲間で淡白な味。刺身の場合、醤油ではなく酢味噌で食べる

さつま汁

鹿児島独自の麦味噌を使用。地鶏のガラでだしを取り、鶏肉、根菜類、シイタケなど具だくさんで栄養豊富な味噌汁

カツオのタタキ

カツオの表面だけを炙った刺身。特製のタレに、しょうが、にんにく、もみじおろしなど、薬味はお好みで

にほんりょうり あい
日本料理 愛

料亭仕込みの薩摩料理を贅沢に味わう

完全予約制・完全個室制の日本料理店。美しいたたずまいの和室で会席、コース料理のほか、豚骨、さつま揚など薩摩料理の定番を堪能しよう。※サービス料10％別途必要 ☎099-252-2251 **住**鹿児島市西田1-4-21 **時**11時30分〜14時、17〜22時（完全予約制） **休**月・火曜(祝日の場合は翌日) **交**JR鹿児島中央駅東口から徒歩4分 **P**提携駐車場あり **MAP**P136B2

秘伝のタレで味わう黒豚しゃぶしゃぶコース5000円〜

6タイプの個室がある

月替わりの季節会席、郷土料理を味わうさつま会席など、盛り付けもあでやか（写真は季節会席の一例）

📖 「酒ずし」は、具材の豪華さからもわかるように上流階級の食べ物。かつては、庶民は食べたことのない郷土料理でした。

型にはまらないスープも魅力
味もさまざまな鹿児島ラーメン

とんこつスープに店独自の味を混ぜるという、九州の中でも異彩を放つ鹿児島ラーメン。
老舗の味、若い味、あっさり、こってりなどさまざまです。

鹿児島ラーメンの特徴は？
とんこつスープをベースにしたマイルドな味わいの半濁スープにストレート麺が基本。それに、各店がさまざまなアレンジで個性を競い合っているのが鹿児島スタイルです。

**豚とろ
チャーシュー麺
1140円**
トロトロに煮込まれた豚とろチャーシューが！ぷるぷるの食感を堪能して

かごしまらーめん とんとろ てんもんかんほんてん
鹿児島ラーメン 豚とろ
天文館本店

豚とろチャーシューがウリです

鹿児島ラーメンに新風を吹き込んだ人気店。豚骨ベースに鶏ガラと魚介エキスを加えたスープはこってり濃厚。一頭からわずかしか取れない豚の首周りの希少な霜降り肉・豚とろを使ったチャーシューの、ほろほろと溶けるような食感もたまらない。こってり・あっさり・うす味・こい味・やわ麺・かた麺を組み合わせて、自分好みにできるのも魅力だ。

☎099-222-5857 住鹿児島市山之口町9-41
🕐11〜15時、17時〜翌2時（金〜日曜、祝前日〜翌3時）休不定休 交高見馬場電停から徒歩5分
Pなし MAP P137D3

🍜ラーメンデータ
テイスト	こってり（希望に応じて調整可）
スープ	豚骨ベース
麺タイプ	中太ストレート麺

ラーメンはもちろんチャーシューにもファン多し

ざぼんらーめんあみゅぷらざてん
ざぼんラーメンアミュプラザ店

変わらぬ味わいの定番ラーメン

どっさりのったキャベツとモヤシで、ボリュームのわりにあっさり味のラーメンは、底からよくかき混ぜて食べるのが、よりおいしく味わうコツ。昭和21年（1946）の創業以来地元に根付き、支持され続けている鹿児島ラーメンの代表格。

☎099-250-1600 住鹿児島市中央町1-1アミュプラザ鹿児島地下1階 🕐11〜20時 休無休
交JR鹿児島中央駅直結 Pアミュプラザ鹿児島駐車場利用 MAP P136A3

🍜ラーメンデータ
テイスト	あっさり
スープ	豚骨ベース
麺タイプ	中太ストレート麺

駅ビルの地下にある人気店

**ラーメン
900円**
野菜たっぷりのヘルシーラーメンだから女性にも好評

ラーメンには「漬物」が鹿児島の流儀

鹿児島でラーメン店に入ると、お茶と一緒に大根の酢漬けやたくあんが出てきます。お目当てのラーメンが出てくるまでの間、漬物をつまみつつ待つのが鹿児島流。
（写真は「ざぼんラーメン」の漬物）

こきんたらーめん
小金太ラーメン

天文館で飲んだ〆はココ！

豚骨、鶏ガラに数種類の野菜、フルーツ、魚介と複数の素材を組み合わせ、それぞれのうま味エキスを引き出したスープが自慢。各テーブルに置かれた丼には刻んだネギが入っているので、残ったスープにネギを投入して、最後の一滴までおいしくいただこう。
☎099-223-9455　住鹿児島市樋之口町11-5北村ビル1階　⏰11時30分〜15時、18時〜翌3時30分　休不定休　交天文館通電停から徒歩5分　P4台（ほか指定駐車場あり）　MAP P137D4

ラーメン　800円
具もシンプルだからこそ、スープのうま味を存分に味わってみて

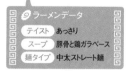

🍜ラーメンデータ
テイスト	あっさり
スープ	豚骨と鶏ガラベース
麺タイプ	中太ストレート麺

町なかにあり、一人でも入りやすい雰囲気

せいめんだいにんぐ じゃんご
製麺ダイニング jango

製麺技能士が作る自家製麺

スタイリッシュな店の入口には製麺機があり、一等級製麺技能士のオーナーが毎日麺を打つ。北海道産100％自社ブランド小麦を使用した弾力のある新食感の麺は、メニューごとに打ち方を変えるこだわりも。とんこつスープは臭みもなく、こってりとしながらもしつこくないさっぱりとした味わい。
☎099-259-2550　住鹿児島市中央町21-27松元ビル1階　⏰11〜15時、18時〜21時30分LO　休無休　交鹿児島中央駅東口から徒歩3分　Pなし　MAP P136A3

とんこつチャーシュー　1140円
コクのあるとんこつスープと自家製麺、こんもりチャーシューが贅沢な一杯

🍜ラーメンデータ
テイスト	こってり
スープ	豚骨ベース
麺タイプ	中太ストレート麺

店内も外観も、オシャレなデザイン

さんぺいらーめんてるくにほんてん
三平らーめん照国本店

やみつきになりそうな濃厚ラーメン

自家製の長期熟成味噌を使い、秘伝の製法で作られた黒味噌らーめんが名物。濃厚なコクと甘みのバランスも絶妙で、とろろをプラスしてまろやかテイストにしたり、自家製の香辛料「辛味」を投入してうま味を加えたりと、自分流のアレンジも楽しみたい。やみつきになりそうな濃厚ラーメンだ。
☎099-210-7888　住鹿児島市照国町15-13　⏰11〜21時（日曜・祝日は〜20時）　休無休　交天文館通電停から徒歩7分　P契約駐車場あり　MAP P137D2

元祖黒味噌らーめん　基本味930円
麺はスープとの絡みがよい特注のちぢれ麺を使用

🍜ラーメンデータ
テイスト	こってり
スープ	黒豚豚足ベース
麺タイプ	中太ちぢれ麺

ツウ好みの味わいが人気

 「豚とろ」は鹿児島中央駅前店（MAP P136B3）が、「ざぼんラーメン」は駅構内のぐるめ横丁（MAP P136A3）にもあります。

ご当地スイーツといえばコレ
フルーツたっぷりの「白熊」です

ネーミングには驚くけれど、食べるとおいしい「白熊」は鹿児島名物のかき氷。
本家からアレンジまで、あなたはどの白熊がお好き？

白熊って？
昭和22年（1947）に「天文館むじゃき」で考案されたかき氷。白いかき氷に干しぶどうをトッピングしたところ、白熊の顔に似ていたことからこの名前になったとか。

トッピング
みかんやメロンのほか、白熊の目を表すレーズンは欠かせない

氷
さらっとした氷は、かんな削り製法、口の中ですっと溶けてしまう

ミルク・蜜
甘いけれど後味はさっぱり、この製法は社長親子しか知らない秘伝の味

白熊
750円

これもオススメ！

ハンディ白熊
450円

天文館

てんもんかんむじゃきほんてん
天文館むじゃき本店

本家・白熊はぜひとも食べた〜い！

鹿児島のかき氷の代名詞「白熊」発祥の店であり、もはや全国区の知名度を誇る名物店。地元のファンはもちろん、全国から観光客が訪れる。さっぱりした甘さの秘伝のミルクが特徴の「白熊」。毎年6月の「白熊誕生祭」限定の復刻版「なつかしろくま」750円や「南海の黒熊」750円、焼酎シロップをかけた「焼酎みぞれ」750円などバリエーション豊富。1階では軽食、2階では洋食も提供している。

☎099-222-6904 住鹿児島市千日町5-8 ⏰11時〜18時30分 休不定休 交天文館通電停から徒歩3分 Pなし MAPP137D3

天文館

さぼう かかし
茶房 珈花子

自分流にトッピングをアレンジ

「天文館薩摩蒸氣屋 菓々子横丁」（☞P26）2階にある茶房では、黒蜜のかかったかき氷が人気。最初はバニラアイスしかのっていないので、別皿の白玉や水まんじゅうでアレンジして、オリジナル「くろくま」を作ってみて。

☎099-222-0648 住鹿児島市東千石町13-14菓々子横丁2階 ⏰10〜19時LO 休無休 交天文館通電停からすぐ Pなし MAPP137D3

この2つがまず出てきて…

▶白玉などを自分流にトッピングすると、くろくま完成！

くろくま
600円

鹿児島市郊外でも
アレンジ白熊が
食べられマス

奄美をイメージして作られた「奄美の里」(→P51)内のマイテラスカフェでは白熊を提供。自社栽培のドラゴンフルーツをたっぷり使った赤熊800円やママ熊、パパ熊といったアレンジ白熊が味わえます(7月～9月中旬限定)。

`天文館`

さんでこ こーひー すうがくかふぇ

SANDECO COFFEE 数学カフェ

キュートな3D白熊にメロメロ!

色とりどりのフルーツに囲まれた中に、立体的な白熊のかき氷が盛られている「フルーツ温泉しろくまの湯」。味も、練乳を使った王道シロップか、スパイスを効かせた大人シロップかを選べ、2～3人でシェアしながら食べるのにいいサイズだ。

☎099-213-9533 🏠鹿児島市名山町4-1名山ビル2階 🕙10～16時LO 休不定休 🚉市役所前電停から徒歩2分 Ｐなし MAP P137F2

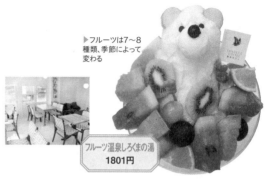

▶フルーツは7～8種類、季節によって変わる

フルーツ温泉しろくまの湯
1801円

◀氷の中にも寒天やフルーツがイン!作り手によって変わる白熊の表情にも注目

氷白熊
750円

`天文館`

かんみ・おしょくじどころ おうぎやほんてん

甘味・お食事処 扇屋本店

老舗甘味処で味わう昔ながらのかき氷

昭和28年(1953)創業。天文館で長い間愛され続けている甘味処で味わえるのは、愛嬌たっぷりの白熊と宇治金時やみつかけ、氷白玉ぜんざいなど昔ながらのかき氷メニュー。一番人気の氷白熊は濃厚な練乳を使用しており、最後の一口までおいしくいただける。

☎099-226-3147 🏠鹿児島市中町8-18 🕙11～17時LO 休不定休 🚉いづろ通電停から徒歩3分 Ｐなし MAP P137E2

`天文館`

かふぇかのじょのいえ

カフェ彼女の家

マンゴーをたっぷり味わって

目を引く鮮やかな黄色は、南国らしいマンゴーのソース。大きめのマンゴーの果肉もたっぷりと盛られた、"女心鷲掴み"の「黄熊」。ボリューム満点なので、2人でシェアして食べるのがいいかも。

☎099-223-8256 🏠鹿児島市中町6-13正米ビル2階 🕙11～18時 休1月1日 🚉いづろ通電停から徒歩3分 Ｐなし MAP P137E2

▶高さ約20cm、笑っちゃうくらいノッポ。食べるのもコツがいりそう!?

黄熊
900円

おすすめの焼酎を飲みながら
天文館で夜を過ごしましょう

鹿児島といえば芋焼酎が有名です。焼酎好きも初心者も、
鹿児島に来たからにはおいしい一本に出合ってください。

鹿児島中央駅

せんごく がおりゅう たかやなぎ

鮮極 GAORYU 高柳

鮮魚と相性抜群の焼酎を!

旬の鮮魚や黒豚、地鶏など、鹿児島ならではの食材を使った料理が自慢。特に鮮魚は品揃えは抜群で、「選べる3種盛り」2380円など、その日一番うまい魚を食べられる。常時70種類揃う焼酎と一緒に楽しんで。

☎099-255-5139 🏠鹿児島市中央町5-4鎌田ビル1・2階 🕐18～24時 休日曜(連休の場合は連休最終日) 🚉JR鹿児島中央駅東口から徒歩4分 Ｐなし ＭＡＰP136B3

元気なスタッフが明るく笑顔いっぱいに接客してくれる

オススメの1本

あさひ
朝日
1杯450円
朝日酒造。奄美大島の東に位置する、喜界島の黒糖焼酎。芋焼酎に比べ飲みやすく焼酎初心者にも

目利きのオーナーが毎朝市場へ出向き仕入れている

天文館

しょうちゅうどころ みかん

焼酎処 みかん

季節限定銘柄やレアものが揃う店

レアな焼酎や季節限定ものなど常時200種類ほどの焼酎が揃う居酒屋。焼酎は飲み方にかかわらず1杯440円～。自家製さつま揚げ720円やきびなごの塩焼き650円などの郷土料理のほか、自家製豆腐を使ったメニューや串揚げも人気。

☎099-224-9822 🏠鹿児島市山之口町9-29 🕐18～23時LO 休日曜、毎月最終月曜 🚉天文館通電停から徒歩4分 Ｐなし ＭＡＰP137D3

オススメの1本

てんもんかん
天文館
1杯440円
白麹仕込みでスッキリとした後味が特徴。低温発酵により香りは控えめで味は端麗

県内各地の焼酎がズラリ

枕崎直送のカツオの腹身750円、地元でも珍しい焼酎タ·SEKI！

飲み歩きたいなら
千日・山之口
エリアへ

天文館のほぼ中央を東西に延びる電車通りの北側にはデパートやショップが多く、南側には飲食店の数が多い。「夜の天文館」を楽しむなら"電車通りから南側" 千日町、山之口町（MAP P137D3）方向に向かってみて。

【天文館】

ばー えすえーおー
BAR S.A.O

焼酎バーのパイオニア

扱う銘柄の蔵元を訪ね、蔵の様子や造り手の思いを伝えることも大切にしている焼酎バー。「佐藤」「小牧」は、それぞれの蔵元が仕込みに使う水で前割り（☞P70）したものもある。地鶏の刺身880円など、フードメニューは焼酎に合うおつまみ系が中心。

☎099-239-4461 🏠鹿児島市千日町8-14貴剛ビル地下1階 🕐19時～翌2時 🈳不定休 🚃天文館通電停から徒歩5分 🅿なし
MAP P137D3

前割りした佐藤と富乃宝山、各600円

スタッフとの会話も楽しい

まんぜん
萬 膳
1杯600円
万膳（まんぜん）酒造。芋焼酎本来のうまさが味わえる、通好みの銘柄

オススメの1本

【天文館】

しょうちゅう ささくら
焼酎 酒々蔵.

県内の焼酎が約500銘柄！

とにかく銘柄の豊富さに驚かされる焼酎バー。鹿児島県内の焼酎約500種類、どれを飲んだらいいのか迷ってしまったら、スタッフにオススメを尋ねるか、価格が半額になる「ハーフサイズ」で数種類を飲み比べてみて。

☎099-224-1356 🏠鹿児島市山之口町9-17上原薬局ビル 🕐18時30分～翌2時30分LO（日曜、祝日は～翌1時30分LO） 🈳日曜 🚃天文館通電停から徒歩3分 🅿なし
MAP P137D3

黒豚とんこつ焼酎煮1045円（手前）、山川産カツオ腹皮715円

カウンターの正面に焼酎が並ぶ

いきてづくり
粋手造り
ごだいめわすけ
五代目和助
1杯610円
白金（しらかね）酒造。芋のうま味と濃厚な味わいが特徴の手作り焼酎

オススメの1本

【天文館】

さつまだれやめどころ まえわりや
薩摩だれやめ処
まえわり屋

前割り焼酎とうまいもん

前割り（☞P70）焼酎が、鹿児島県内の蔵元を中心に50銘柄ほど揃う。前割りされることでよりまろやかな口当たりになる焼酎は、そのままロック、燗づけにして楽しめる。前割り焼酎と、北薩摩の鶏や魚の干物を、一緒に味わいたい。

☎099-295-3308 🏠鹿児島市千日町15-1-4階 🕐17～22時LO（金・土曜は～23時LO） 🈳日曜 🚃天文館通電停からすぐ 🅿なし
MAP P137D3

独特の食感と風味を楽しめる自家製さつま揚げ510円

自慢の前割り焼酎が並ぶ店内

あくねし
莫祢氏
1杯510円（前割り）
大石（おおいし）酒造。芋はシロユタカ、麹は黒麹で仕込んだ一本

オススメの1本

📖 鹿児島の郷土料理が他県と比べて甘口なのは、淡白な味わいの焼酎に合わせて…という説もあります。

鹿児島といえば焼酎
おいしく飲むためには？

鹿児島の焼酎は銘柄が1000種類以上ともいわれます。
どの焼酎がおいしいの？ どう飲んだらいいの？ そんな疑問にお答えします。

Q 焼酎はいつから飲まれてるの？

A 450年以上前からですが、
はじめは雑穀で造られていました

焼酎は450年以上前から造られていたが、芋焼酎は宝永2年（1705）に琉球からサツマイモが伝わって以降に造られるようになった。

日本最古の「焼酎」の文字の落書きが残る
伊佐市大口の郡山八幡神社
MAP 折込表D1

Q 薩摩焼酎って何？

A 鹿児島産の芋と水を使い、
鹿児島県内で製造された本格焼酎です

鹿児島で造られる「薩摩焼酎」はワインのボルドーやウイスキーのスコッチなどと同じように、WTO世界貿易機関の協定に基づく産地指定を受けている、世界に誇れるお酒。

SATSUMA
SHOCHU

このマークの付いている焼酎が「薩摩焼酎」のしるし

Q 黒・白・黄、麹の色と味の関係は？

A 麹の色や種類によって
焼酎の味わいが変化します

焼酎の味わいに大きく影響する麹は、パンチのある味わいに仕上がる黒麹、まろやかな味わいに仕上がる白麹、日本酒のような爽やかな味わいに仕上がる黄麹がある。飲み比べるときは、麹の違いもチェックしてみよう。

「クロイサ」ともよばれる「黒伊佐錦」大口酒造

鹿児島を代表する銘柄「白波」薩摩酒造

黄麹を広く印象づけた「小鶴黄麹」小正醸造

黒麹　　白麹　　黄麹

Q 地元流の飲み方を教えて！

A 好みによって飲み方はさまざまですが
主に2つの飲み方があります

ロクヨンのお湯割り
まずはお湯4をグラスに注ぎ、次に焼酎6の割合で割るのが主流。体調や気分次第で焼酎は増減してもOK。また地元では梅干しは入れない。

前割り
飲む1日～数日前に焼酎を水で割っておくこと。こうすることで、味がまろやかになる。焼酎1：水1が基本だが、これも好みで増減しよう。そのまま、ロック、燗をつけてと飲み方もいろいろ。お店によっては前割り焼酎を置いているので、気軽に尋ねてみて。

ツウの飲み方

前割りに最適な鹿児島独特の酒器・黒ぢょか

Q 黒糖焼酎ってどんな焼酎なの？

A 奄美群島でしか、製造を
許可されていない焼酎です

芋焼酎よりやさしい味わいです

本格的に造られるようになったのは第二次世界大戦後のアメリカ統治時代。米の代わりに黒糖を使い製造されていたが、昭和28年(1953)、日本に返還された際、黒糖を原料にした酒類は焼酎とは認められず高い税率が適用された。しかし島民の経済的負担を軽減するため米麹を使用することを条件に奄美群島のみでの製造が許された。

黒糖焼酎の原料となる黒砂糖を溶かしているところ

一次もろみに溶かした黒砂糖を加え、さらに発酵させて蒸留する

Q 焼酎は体にいいってホント?

A 他のお酒よりカロリーが低く、ヘルシーに飲めます

蒸留酒である焼酎は蒸留過程で糖分が飛び、アルコールのカロリーが他のお酒に比べて低い。さらに善玉コレステロールを増やす、血栓を溶かす、飲酒後に血糖値が上がりにくい、などの作用も確認されている。また、お湯や水で割って飲めばアルコール度数も下がるので、よりヘルシーに飲める。なにより楽しく適量を飲むことで、ストレス解消にも。

Q 焼酎が飲める店は多いの?

A 焼酎を専門に扱うバーや居酒屋など焼酎の銘柄を揃える店は多いです

一般的に、鹿児島でお酒といえば焼酎のこと。天文館の居酒屋(☞P68)以外でも、焼酎の銘柄を揃える店は多い。多数の銘柄を揃える店に行って、いろいろ試してお気に入りの一杯を見つけてみるのもいい。

しょくさいあんどじしょうちゅう やのじ
食彩and地焼酎 家のじ

約150種類のこだわり焼酎が1杯440円〜。市場直送の魚介類、黒豚などの料理も自慢。

ずらっと焼酎の瓶が並ぶカウンターが印象的。座敷席もある

☎099-239-2777 🏠鹿児島市東千石町5-29 🕐18〜23時 休月曜(祝日の場合は翌日) 🚃天文館通電停から徒歩5分 🅿なし 🗺P137F4

Q 地域の限定はある?

A 鹿児島県内限定や、蔵元のある地区限定の焼酎もあります

1000種類以上ともいわれる銘柄のなかには、鹿児島県内のみ、あるいは蔵元のある地区だけでしか販売されない銘柄がある。例えば天璋院篤姫ゆかりの地・指宿の中俣酒造の「養老伝説」は、鹿児島限定販売。各地を訪れた際は、地元の酒屋やホテル、道の駅をチェックしてみて。

ようろうでんせつ
養老伝説
問900㎖ ☎0993-27-9181 1140円 (中俣酒造)

焼酎造りを見学できます

飲むだけじゃ物足りない!そんな人は蔵元へ行ってみよう。

枕崎
さつましゅぞう けどがわじょうりゅうしょ めいじぐら
薩摩酒造 花渡川蒸溜所 明治蔵

主な銘柄 さつま白波明治蔵

明治時代から続く歴史ある焼酎蔵。焼酎造りの工程が見られる手造り仕込み蔵、地ビールを製造する発泡酒工場、レストランからなる。8月下旬〜12月の製造時期には、間近で焼酎造りを見学できることも。

匠の技が光る焼酎造りを見学でき、芋焼酎の歴史も学べる

☎0993-72-7515 🏠枕崎市立神本町26 💴無料 🕐9〜16時 休無休 🚃JR枕崎駅から車で5分 🅿40台 🗺折込表C5 ※見学は要予約

鹿児島郊外
むそうぐら
無双蔵
主な銘柄 さつま無双

伝統的な製法である甕つぼ仕込みと、県内でも数少ない木樽蒸留器で蒸留を行う焼酎蔵を見学できる。落ち着きのある売店ではゆっくり品定めができるほか、無双蔵の限定商品や県内各地の蔵の銘柄の販売も行っている。

幹線道路沿いにあり、大きな一升瓶の看板が目印

☎0120-606-069 🏠鹿児島市七ツ島1-1-17 💴無料 🕐9〜17時 休土・日曜、祝日 🚃JR谷山駅から車で15分 🅿15台 🗺P51A2 ※見学は要予約

指宿
しらつゆしゅぞう
白露酒造
主な銘柄 白露、白露黒麹

薩摩半島最南端、開聞岳を望む指宿市山川にあり、質のよい天然の軟水と鹿児島県産の上質なサツマイモ・黄金千貫(こがねせんがん)を主に使用。昔ながらの製法で焼酎を造り、約1年間の熟成で深い味わいを生み出している。

サツマイモが鹿児島に伝わった指宿市山川にある焼酎蔵

☎0993-35-2000 🏠指宿市山川大山987 💴無料 🕐9〜16時 休日曜、祝日(土曜は不定休) 🚃JR指宿駅から車で15分 🅿10台 🗺P139B4 ※見学は要予約

自分へのおみやげにも！
サツマイモ＆スイーツみやげ

鹿児島の豊かな自然で育ったサツマイモで作ったスイーツと
鹿児島らしさ120％のご当地スイーツ、お好みはどれですか?

**サツマイモ
スイーツ**

薩摩芋タルト
8個入り680円〜
お芋感たっぷりのタルト
菓子。タルト部分がプレー
ンの「紅芋」、ココア入りの
「さつま芋」の2種類入り。E

唐芋レアケーキ・ラブリー
5個入り900円
口の中でとろけるクリーミ
ーな味わいがたまらない、
全国区の人気を誇るサツ
マイモのレアケーキ。A

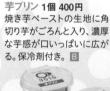

芋プリン **1個 400円**
焼き芋ペーストの生地に角
切り芋がごろんと入り、濃厚
な芋感が口いっぱいに広が
る。保冷剤付き。B

唐菜シフォンケーキ **900円**
食用に品種改良されたサツマイモの
茎と葉で作った、ふんわり食感のシフ
ォンケーキ。A

かごしまスイートポテトン
8個入り648円
サツマイモと紫芋を使ったシンプ
ルなスイートポテト。子豚をモチ
ーフにした見た目がキュート。E

ベイクドスイーツ
9個入り1880円
直営農場で育てたサツマイモを素
材にした焼き菓子。「太白」「知覧茶」
「はるか」の3種類のセット。C

サツマイモスイーツがずらり

てんもんかんふぇすてぃばろ
A 天文館フェスティバロ
☎099-239-1333 住鹿児島市呉服町1-1
⊙9〜19時 休1月1日 交天文館通電停から
徒歩2分 P提携駐車場あり
MAP P137E3

"紅はるか"の魅力を知る

やきいもあんどすいーつせんもんてん さんごじゅうご
B 焼き芋＆スイーツ専門店 3515
☎099-294-9123 住鹿児島市中町4-1 1
階 ⊙11〜18時(イートインは〜17時LO)
休第1火曜 交いづろ通電停から徒歩3 P
なし MAP P137E2

"唐芋"の焼き菓子ならココ！

ふぇすてぃばろじゅうろく
C Festivalo16
☎099-255-0618 住鹿児島市中央町16-2
南国甲南ビル1階 ⊙9〜19時 休無休
交JR鹿児島中央駅東口から徒歩5分 P提
携駐車場あり
MAP P136A4

サツマイモの歴史を
ちょっとだけ
お勉強しましょ

今から300年以上前に、山川（現・指宿市）の漁師・前田利右衛門が琉球から持ち帰ったのが始まり。痩せた薩摩の土地でも育つとあって瞬く間に広まりました。山川には前田利右衛門を祀る徳光神社（MAP P139B4）もある。

ご当地名物スイーツ

創作生かるかん1個162円〜
かるかん生地に小みかん餡・桜餡・こし餡を包んだしっとり食感の進化系かるかん。見た目も華やか。**D**

まるごとしろくまプリン
8個入り918円
鹿児島の王道スイーツ・しろくまが一口サイズのプリンに！常温で持ち運べるのも高ポイント。**E**

フローズンしろくま
1個702円
練乳たっぷりのフローズンの中にはみかんや桃など6種類のフルーツがIN。保冷剤付きの専用BOXあり。**F**

西郷せんべい
2枚162円〜
西郷さん同様、ビッグサイズのおせんべい。ほんのり甘くサクサクした歯ごたえで素朴な味わい。**E**

鹿児島奥霧島茶ラングドシャ
茶畑いっぽん　5枚入り756円〜
奥霧島茶の味わいを凝縮したラングドシャ生地に、ホワイトチョコをサンド。**F**

ボンタンアメ
3個パック292円
大正15年（1926）の発売以来、鹿児島県民に愛され続けるソフトキャンディー。バラマキみやげにも◎。**E**

知覧茶サブレ
12枚入り756円〜
知覧茶「さつまほまれ」の芳しい香りを生かしたサブレ。お茶の葉をイメージしたフォルムにも注目。**F**

明治17年創業の老舗の菓子店

さつまかしどころ とらや・きりやさくらや
かごしまちゅうおうえきてん
D 薩摩菓子処 とらや・霧や櫻や
鹿児島中央駅店
☎099-250-4800 住鹿児島市中央町1-1・みやげ横丁2階 時8〜20時 休無休 交JR鹿児島中央駅直結 P有料2042台 MAP P136A3

ジャンルレスのみやげが揃う

かごしまめいひんぐら
E 鹿児島銘品蔵
☎099-812-7666 住鹿児島市中央町1-1みやげ横丁2階 時8〜20時（変更の場合あり）休無休 交JR鹿児島中央駅直結 P有料2042台 MAP P136A3

地元食材をスイーツに

ぱていすりー やなぎむら かごしまちゅうおうえきてん
F PATISSERIE YANAGIMURA
鹿児島中央駅店
☎099-257-7199 住鹿児島市中央町1-1みやげ横丁2階 時9〜19時 休無休 交JR鹿児島中央駅直結 P有料2042台 MAP P136A3

全国的には「サツマイモ」とよばれているが、鹿児島では唐（中国）から伝わった芋=から芋とよぶのが一般的。

ココミルがセレクトした 鹿児島モチーフみやげはコレ！

欲しい・買いたい・持って帰りたいの三拍子揃った逸品です。
「ならでは」のものから「らしい」ものまで、ズラリ取り揃えました。

黒豚缶詰 グルメカップ シリーズ
各540円
鹿児島県産の黒豚のさまざまな部位を、甘辛醤油煮やアヒージョなどに加工した缶詰。焼酎のアテにもぴったり。 **C**

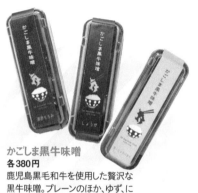

かごしま黒牛味噌
各380円
鹿児島黒毛和牛を使用した贅沢な黒牛味噌。プレーンのほか、ゆず、にんにく、とうがらし、ガーリックバターなどのフレーバーあり。 **C**

三ツ星プレミアム
1箱2052円
トリュフ、フォアグラ、キャビアの世界三大珍味が入ったゴージャスさつま揚げ。特別な人へのおみやげに。 **E**

ダイカットスタンドメモ **385円**
文字を書いた後に折り曲げると、しろくまが飛ぶ出すスタンドメモ。しろくまの足跡がキュート、思わずデスクに飾りたくなる!? **A**

鹿児島焼酎セット
6本セット1995円
焼酎のミニボトル（100mℓ）の詰め合わせ。地元で人気の銘柄が揃っているから、いろんな焼酎を試したい人におすすめ。 **B**

ひと味違うみやげはココで

かごまにあ
A **カゴマニア**
☎099-259-8008 ⌂鹿児島市西田2-10-13-1階 ⏰10～19時 休水曜 ⛳JR鹿児島中央駅西口から徒歩5分 🅿2台
MAPP136B2

郷土銘菓や特産品が勢揃い

かんこうぶっさんかん いけはたてんもんどう
B **観光物産館 池畑天文堂**
☎099-226-5225 ⌂鹿児島市東千石町14-5 ⏰10～19時 休無休 ⛳天文館通電停からすぐ **MAP**P137D3

地産地消がテーマのショップ

ぶらんしぇ～かごしま まちのえき～
C **ブランシェ ～かごしま まちの駅～**
☎099-248-8881 ⌂鹿児島市呉服町6-5マルヤガーデンズ地下1階 ⏰10～20時 休不定休 ⛳いづろ通電停からすぐ 🅿有料327台 **MAP**P137E3

Kagoshima缶バッジ
1個255円
「トリサシ」（鹿児島人の好物）、「ダカラヨ」（鹿児島人の相槌）など、鹿児島らしさ満載の缶バッジ。A

鹿児島めぐりクッキー
1箱1296円
桜島小みかん、坊津の塩、知覧の緑茶など、県内の特産品を使ったクッキーの詰め合わせ。10種類のフレーバーを楽しめる。C

桜島小みかんジュース
200ml 350円
いちばんおいしい時期の桜島小みかんを100％使った色鮮やかなジュース。爽やかでスッキリとした味わいが特徴。F

きびなご姿焼き　1袋573円
姫甘海老　1袋378円
高圧高温で一気にプレスした、生姜醤油が香ばしいきびなご姿焼きと、錦江湾の深海にのみ生息する姫甘エビたっぷりのえびせん。職人が1枚ずつ手焼きしている。D

さくらじま椿油
90g 1200円
桜島は東京の伊豆大島、長崎の五島に次ぐ椿油の産地。1本で顔、体、髪など全身のケアに使えるスグレモノ。美肌を求めるならぜひ。F

鹿児島の偉人マスキングテープ
カゴマニアマスキングテープ
各418円
鹿児島の偉人や名物、鹿児島弁がモチーフのイラストが描かれたマスキングテープ。「わぜっか」＝「すごい」など、鹿児島弁の勉強にもなりそう。A

自然素材のせんべいがズラリ

さつませんべいやまとや
D 薩摩煎餅やまとや
☎099-295-6950 🏠鹿児島市金生町5-17 🕘9時30分〜18時30分 休火曜 交朝日通電停から徒歩1分 Pなし
MAP P137E2

季節ごとの限定品も要チェック

さつまや いづろてん
E 薩摩家 いづろ店
☎0120-13-3208 🏠鹿児島市金生町7-6 1階 🕘10〜19時 休不定休 交いづろ通電停からすぐ Pなし MAP P137E3

桜島みやげといったらココ

みちのえき「さくらじま」ひのしまめぐみかん
F 道の駅「桜島」火の島めぐみ館
☎099-245-2011 🏠鹿児島市桜島横山町1722-48 🕘9〜17時 休第3月曜（祝日の場合は翌日）交桜島港から徒歩5分 P87台
MAP P135F4

鹿児島みやげの代表格・さつま揚げ。そのまま食べてもおいしいけど、わさび醤油やマヨネーズをつけてもイケるんです。

鹿児島みやげ ● 鹿児島モチーフみやげ

思い出の品として、買いたい
鹿児島が誇る伝統工芸品&特産品

気軽に使うものではないけれど、「ここぞ」というときに使いたい工芸品、
自宅でじっくり味わいたいお茶など、薩摩の逸品をセレクトしました。

ばらまきみやげにちょうどいい。

サツマルシェ
（アソート35）4104円、各108円
知覧茶・水出し茶・深蒸し茶・ゆず緑茶・
桜島小みかん茶・ほうじ茶・かごしま紅
茶の7種のティーバッグ。カラフルなパ
ッケージもかわいいでしょ？ B

ecokiriヘアゴム
4950円〜
ecokiriネックレス
6600円〜

身につける薩摩切子「ec
okiri」を提案・製造する
霧島市の「ガラス工房
弟子丸」の作品。キラリ
と光る鹿児島モノを身に
つけたい人はぜひ。A

普段使いできる薩摩切子のアクセ。

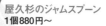

それぞれ形や木目が違うから好みをチョイス。

屋久杉のジャムスプーン
1個880円〜

1つずつ丁寧に手作りされた
ジャムスプーン。肢の部分に
磁石が入っているから立てて
置けるのもポイント。マドラー
として使うのもあり。C

まあるいフォルムもかわいい花瓶。

豆花瓶
各1650円
デスクの上でもさりげな
く置けるサイズの白薩
摩の花瓶は、指宿市で
主に白薩摩を焼いてい
る秋月窯の作品。A

昔は嫁入り道具の一つでした。

薩摩つげ櫛（彫）
9570円〜
櫛の歯が折れにくく、なに
より使うほどに美しい光沢
が出ると、江戸時代から女
性に愛されてきた品。A

知覧茶は市町村単位では生産量日本一！

国内有数の緑茶の産地・鹿児島。なかでも知名度ナンバー1は知覧茶。カテキン類やカフェインなど有効成分が豊富で高品質。「やぶきた」「あさつゆ」「ゆたかみどり」など、栽培品種が多いのも特徴です。

福猫
各5500円
なんとも愛らしい表情の猫の置物。サイズは5cm弱だからデスクにちょこんと置いて癒やされて。薩摩焼の里・美山にある沈壽官窯の作品。C

猫好きならこういうグッズ欲しいんじゃない？

特選鳳苑 3袋入り
3674円
鹿児島県内の優良産地の旬の茶葉を厳選。温度を気にせず入れても、香ばしい香りが漂い、冷めてもおいしい。B

鹿児島茶のおいしさを自宅でも。

鈴子缶
50g 1080円
鈴に見立てた丸いフォルムの茶筒の中には、美老園・人気ナンバー1の特選鳳苑が入っている。茶葉を使い切ったら、小物入れにしてもいいかも。B

鈴の形の茶筒がとってもキュート。

大島紬の財布
各5500円
天然染めと手織りの絹100％の大島紬の財布。世界三大織物の一つで、鹿児島を代表する工芸品だ。ファスナー付きで使いやすさも◎。C

憧れの大島紬まずは手軽なお財布から！

かごしまぶらんどしょっぷ
A 鹿児島ブランドショップ
県内各地の名品が勢揃い
鹿児島県内の特産品を一堂に集めたショップ。ちょっと値の張る伝統工芸品から200〜300円の小物まで、幅広い品揃えがうれしい。
☎099-225-6120
🏠鹿児島市名山町9-1
🕐10〜18時 休年末年始
🚃朝日通電停から徒歩1分 🅿5台 MAP P137F2

おちゃのびろうえん
B お茶の美老園
お茶のことならおまかせ
鹿児島茶を全般に取り扱う。どれがいいのか迷ったら、日本茶アドバイザーの資格をもつ店長に相談を。お茶を使ったスイーツも販売している。
☎099-226-3441
🏠鹿児島市中町5-2
🕐10〜19時 休無休 🚃天文館通電停から徒歩3分
🅿なし MAP P137E3

かごしまとくさんひんいちば「かごいち」
C かごしま特産品市場「かご市」
食＆工芸品の逸品が手に入る
鹿児島県内の特産品を販売するアンテナショップ。1階には「食」の逸品が、2階には大島紬や屋久杉製品などの伝統工芸品や焼酎が並ぶ。
☎099-224-1093
🏠鹿児島市東千石町15-21 🕐10時〜18時30分 休無休 🚃天文館通電停から徒歩3分 🅿なし
MAP P137F4

📖 桜島にある桜岳陶芸（MAP P47）では桜島の火山灰を使用したサンドアート体験を実施。旅の思い出にいかが？

薩摩を代表する
二大伝統工芸を知ろう

"薩摩"と名のつく工芸品はいくつもありますが、
薩摩切子と薩摩焼は、鹿児島の中でも特別な伝統工芸品なのです。

{ 薩摩切子（さつまきりこ） } 匠の技が冴えるカットが、うっとりするほどの
グラデーションを作り上げる

Q 薩摩切子とは？

A 江戸時代後期にほんの十数年の間だけ
薩摩で製造されていたカットグラス

無色のガラスに色ガラスを被せ、カット模様を刻み、磨きをかけたガラスのこと。江戸切子に比べ、色ガラスの被せが厚いのも特徴。このガラスにゆるやかなカットを施し、薩摩切子独特の「ぼかし」を出している。

最近では、伝統的な模様に新しいデザインを加えたものもある

Q 薩摩切子の歴史って？

A 幻の逸品となっていた薩摩切子が
約100年後に復活したという歴史があります

江戸時代後期に始まった薩摩藩のガラス製造は、島津家第28代・斉彬の代になると色ガラスの研究も進み、日本初となる「紅色」の発色にも成功、磯地区に築かれた「集成館」で本格的に薩摩切子の製造を開始した。しかし安政5年(1858)に斉彬が急逝、その後におきた薩英戦争で工場が焼失、明治10年(1877)、西南戦争のころには、製造が途絶えたとされる。この幻となった薩摩切子が復活したのは、昭和60年(1985)。集成館があった磯に**薩摩ガラス工芸**（**MAP** P135D1）が工房を築き、本格的な復元事業がスタートした。

現在の磯工芸館

繊細なカットが施される

Q 薩摩切子って、どうやって作るの？

A ガラスを重ねて
繊細なカットを施して作ります

1 調合～熔融

定められた割合で混合したガラスの原料を、るつぼ窯へ投入して、炉の温度を1500℃まで上げ、熔融する。

2 色被せ～型吹き

透明なガラス上に色ガラスを被せて作った2層のガラス生地を、型吹きなどの技法を使って形を整える。

3 当たり

ガラスの上に、文様に合わせた分割線を引き、割り付けを行う。ここでつけた線でどんなカットになるかが決まる。

4 カット～磨き

前の工程でつけた分割線をもとに、カットを入れる。その後、木盤磨き、ブラシ磨き、バフ磨きの順に磨き上げる。

訪ねてみよう！

陶工の里・美山
（みやま）

陶工たちは県内のいくつかの場所に分かれて暮らしたが、鹿児島タウンから車で30分ほどの美山もその一つ。現在も11の窯元があり、伝統を受け継ぎつつも、現代風のアレンジを加えた多くの作品が生み出されている。また里山の自然を生かしたおしゃれなカフェも点在している。**MAP** 折込表C3

{ **薩摩焼**（さつまやき） } 美しい肌に華やかに絵付けされた白薩摩と質実剛健さを彷彿とさせる黒薩摩

Q 薩摩焼ってどんなもの？

A 朝鮮半島から渡来した陶工たちがその技術を生かして作った焼き物

淡い黄色の地に透明な釉薬をかけ華やかに絵付けを施す白薩摩と、鉄分の多い土を使い、黒い釉薬で仕上げる黒薩摩がある。白薩摩は、貫入という細かいヒビのような模様が入るのが特徴。

Q 白薩摩と黒薩摩って何？

A 白もん(白薩摩)、黒もん(黒薩摩)とよばれ、さまざまな階級で親しまれていた器

貴重な白土を使い、美しい装飾を施した白薩摩は、上流階級の器。一方、手に入りやすい黒土を使用し、厚手に作られた黒薩摩は、庶民の生活道具として使われていた。

A日常生活の中で愛された黒薩摩 B金縁など豪華な装飾のある白薩摩

Q 薩摩焼の歴史って？

A 朝鮮半島に出兵した島津義弘が陶工たちを連れ帰ったことから始まる

豊臣秀吉による朝鮮出兵に参加した島津家第17代・義弘は、帰途につく際に半島から陶工たちを連れ帰った。彼らは県内に分散して住み、それぞれ窯を開いた。ここから薩摩焼の歴史が始まる。陶工たちは居住区の制限や、姓の変更を禁じられるなどしたが、薩摩藩の庇護の下、作陶を続けた。そんな薩摩焼の名が世界に知れ渡ったのは、慶応3年（1867）のこと。パリで行われた万国博覧会に薩摩藩は薩摩焼を出展、東洋的な絵付けや金彩を施した華やかな雰囲気が、ヨーロッパの人々を大いに魅了し、多くの作品が輸出された。現代に至り、平成14年（2002）には国の伝統的工芸品に指定された。

薩摩焼の幾重にも連なる登り窯

Q 白薩摩って、どうやって作るの？

A すかし彫りなど、釉薬をかける前に細かな工程があります（ゆうやく）

1 ろくろ形成

ろくろを回転させながらもとになる形を作っていく。常に同寸・同形・同重量のものに仕上げる。

2 すかし彫り

粘土が乾く前に、剣先とよばれる道具を使い、透かし彫りを施す。

3 焼成

器を約250℃で焼き上げる。焼き上がりの作品は2割ほど縮んでいる。

4 絵付け

焼き上がった器に純金で輪郭を描き、その中に丹念に色を差していく。

鹿児島タウンの宿

歴史や自然、グルメなど
魅力がギュッと詰まった
鹿児島タウンの
宿をセレクト！

城山

しろやま ほてる かごしま

SHIROYAMA HOTEL kagoshima

桜島ビューのハイクラスホテル

鹿児島市街地を見下ろすように城山の高台に立つ。錦江湾にどっしり構える桜島の姿など、館内のいたるところで美しい眺望が楽しめる。和洋約80種類が並ぶ朝食ビュッフェや、地産地消が堪能できる和・洋・中計11店のレストランなど、料理のおいしさも定評あり。桜島を望む展望露天温泉は日帰り入浴もできるので、湯船からの絶景を楽しんで（立ち寄り入浴2850円※入湯税別）。DATA☎0570-07-4680 住鹿児島市新照院町41-1 交JR鹿児島中央駅東口から車で10分 送迎あり（鹿児島中央駅からシャトルバスが運行）P780台 ¥1泊2食付2万5850円～、休前日2万8600円～ IN15時 OUT11時 鉄筋10階建 ●全355室（洋室353、和洋室2）●泉質：炭酸水素塩泉 ●風呂：内湯2 露天2 MAP P137D1

絶景と美人の湯で知られる展望露天温泉「さつま乃湯」

和洋中のレストランが揃い、食事のみの利用も多い

天文館

れむかごしま

レム鹿児島

快眠にこだわるコンセプトホテル

五感を通じて「よい眠り」を実感できるようにデザインされたホテル。全室にオリジナルベッド「シルキーレム」を備え、旅先でも快眠間違いなし。レインシャワー、マッサージチェアなど、くつろぎアイテムも完備。DATA☎099-224-0606 住鹿児島市東千石町1-32 交天文館通電停から徒歩1分 P42台（1泊1200円）¥1泊シングル1万2100円～休前日も同じ IN14時 OUT12時 ●13階建 ●全252室（S88・D80・T83・その他1）MAP P137D3

天文館

りっちもんどほてるかごしまてんもんかん

リッチモンドホテル鹿児島天文館

アーケード内の好立地

天文館G3アーケードのほぼ中央に立つホテル。全室に加湿機能付き空気洗浄機、インターネット接続無料（Wi-Fi無料）。希望者にはアメニティのプレゼントも用意されている。DATA☎099-239-0055 住鹿児島市千日町14-28 交天文館通電停から徒歩3分 P提携駐車場あり（1泊800円または1100円）¥1泊シングル7000円～、休前日は要問合せ IN14時 OUT11時 ●鉄筋11階建 ●全125室（S55・D50・T19・その他1）MAP P137E3

天文館

ほてるげーといんかごしま

ホテルゲートイン鹿児島

天文館で半露天風呂付きの部屋も

客室はシックで、機能的なシングルAテラス付き、ツイン、ダブルのほか和室も。さらに20室に増設したプレミアムバステラスは、テラスで半露天風呂が楽しめる。天文館にほど近い立地も魅力。DATA☎099-223-9100 住鹿児島市船津町5-20 交天文館通電停から徒歩5分 P70台（1泊1000円）¥1泊シングル5800円～、休前日6000円～ IN15時 OUT11時 ●鉄筋10階建 ●全72室（S56・和室6・T6・その他4）MAP P137E3

天文館

ほてるさんでいずかごしま

ホテルサンデイズ鹿児島

スタイリッシュな空間を低価格で

快適なIT設備と美しい北欧デザインのインテリアを融合させたコンセプトホテル。女性限定のレディスフロアはセキュリティも万全。リッチな客室でありながら、リーズナブルな価格設定も魅力だ。DATA☎099-227-5151 住鹿児島市山之口町9-8 交天文館通電停から徒歩5分 P24台（1泊1000円）¥1泊シングル5940円～、休前日は要問合せ、休日5350円～ IN15時 OUT11時 ●鉄筋14階建 ●全351室（S263・T16・その他72）MAP P137D3

天文館

ほてるほっけくらぶかごしま

ホテル法華クラブ鹿児島

広々とした大浴場で癒やされる

鹿児島中央駅と天文館の中ほどに立つ。鹿児島グルメが並ぶ朝食バイキングが好評だ。大浴場は天然鉱石を使用した人工温泉。疲労回復に効果がある湯にゆっくり浸かろう。DATA☎099-223-0551 住鹿児島市加治屋町13-6 交高見馬場電停からすぐ P30台（1泊1100円/先着順）¥1泊朝食付シングル1万3420円～、休日も同じ IN15時 OUT10時 ●鉄筋14階建 ●全201室（S163、T36、その他2）MAP P137C3

源泉かけ流し 部屋食 エステあり 禁煙ルームあり 大浴場あり ひとり宿泊OK

天文館

おんせんほてるなかはらべっそう
温泉ホテル中原別荘

街の中心地で天然温泉を満喫
地下800mから湧き出す天然温泉は加水も加湿も貯湯もしない、源泉100％のかけ流し。天文館に近いので観光にも便利だ。客室禁煙＆耐震改修済みなので、より快適な時間を過ごせるはず。

DATA ☎099-225-2800 🏠鹿児島市照国町15-19 🚋天文館通電停から徒歩6分 🅿30台(1泊1100円) 🍴1泊2食付1万2100円〜、休前日は1万3200円〜 🕐IN16時 OUT10時 ●鉄筋7階建 ●全57室(和52・洋5) ●泉質：塩化物泉 ●風呂：内湯2 **MAP**P137D2

天文館

ほてるあんどれじでんすなんしゅうかん
ホテル&レジデンス南洲館

お得なユニークプランも見逃せない
直径60cmの大鍋で食べる黒豚しゃぶしゃぶ・くろくま(1人前7150円〜)やくろくまラーメン、熊襲鍋、豚飯などの名物メニューが人気。長期滞在の場合はミニキッチン付き客室での連泊プランもある。

DATA ☎099-226-8188 🏠鹿児島市東千石町19-17 🚋天文館通電停から徒歩8分 🅿31台(1泊1000円) 🍴1泊シングル6600円〜(要問合せ) 🕐IN16時 OUT11時 ●鉄筋9階建 ●全62室 (S30・T5・その他27) **MAP**P137E2

鹿児島中央駅周辺

そらりあにしてつほてるかごしま
ソラリア西鉄ホテル鹿児島

鹿児島中央駅目の前の好立地
大型複合ビル、鹿児島中央ターミナルビルの7〜14階にあるホテル。立地、アクセス、眺望、プレミアムなゲストルームを備えたホテルがコンセプト。ビルの1階部分は鹿児島空港行きの高速バスターミナルに直結。

DATA ☎099-210-5555 🏠鹿児島市中央町11 🚋JR鹿児島中央駅東口から徒歩2分 🅿契約駐車場あり(1泊1200円) 🍴1泊シングル8000円〜、休前日も同じ 🕐IN15時 OUT11時 ●鉄筋14階建 ●全230室(S124・T41・D65) **MAP**P136B3

鹿児島中央駅周辺

ほてるたいせいあねっくす
ホテルタイセイアネックス

無料サービスが充実
鹿児島中央駅にも近く、観光やビジネスに最適の立地。男性は24時間営業のサウナや大浴場を利用でき、女性には、好きなアメニティを3点プレゼントといううれしい特典がある。夜鳴うどんの無料サービスも好評。

DATA ☎099-257-1111 🏠鹿児島市中央町4-32 🚋鹿児島中央駅東口から徒歩3分 🅿200台(1泊1000円) 🍴1泊シングル5500円〜、休日も同じ、休前日8000円〜 🕐IN15時 OUT11時 ●鉄筋9階建 ●全166室(S84・T65・D12・トリプル5) **MAP**P136B3

鹿児島中央駅周辺

じぇいあーるきゅうしゅうほてるかごしま
JR九州ホテル鹿児島

駅直結、改札口から徒歩1分
新幹線改札口から連絡通路を抜けてすぐという便利さ。JR、市電、バス、空港リムジンなどあらゆるアクセスに便利。カジュアルな南館と上質でシックな北館があり、テーマの異なるインテリアの客室で迎えてくれる。

DATA ☎099-213-8000 🏠鹿児島市武1-1-2 🚋JR鹿児島中央駅直結 🅿提携駐車場あり(1泊1000円) 🍴1泊シングル5500円〜 🕐IN14時 OUT11時 ●鉄筋8階建 ●全247室(南S86・T27・北S117・T17) **MAP**P136A3

鹿児島中央駅周辺

ほてるあーびっくかごしま
ホテルアービック鹿児島

機能性に優れたスマートホテル
洗練されたデザインの客室が自慢。鹿児島中央駅西口から徒歩1分の好立地が魅力。レディスフロア、桜島が一望できる客室もある。さつま揚げや鶏飯などの郷土料理が味わえる朝食も人気。

DATA ☎099-214-3588 🏠鹿児島市武1-3-1 🚋鹿児島中央駅西口から徒歩1分 🅿契約駐車場40台(1泊1000円) 🍴1泊シングル7500円〜、休前日、休日は要問合せ 🕐IN15時 OUT10時 ●鉄筋14階建 ●全238室(S205・T31・その他2) **MAP**P136A3

鹿児島中央駅周辺

ほてるがすとふ
ホテルガストフ

輸入家具で彩られたホテル
ヨーロッパのプチホテルを思わせる雰囲気抜群のホテル。モダンアンティークのインテリアやリネンで調えられた客室で、ロマンティックな気分に浸らせてくれる。西洋の薫り漂うゆとりの空間で快適なひとときを。

DATA ☎099-252-1401 🏠鹿児島市中央町7-1 🚋鹿児島中央駅東口から徒歩5分 🅿48台(1泊800円) 🍴1泊シングル5600円〜、休前日6600円〜 🕐IN15時 OUT10時 ●鉄筋2階建 ●全48室(S23・T14・D6・その他5) **MAP**P136B3

鹿児島中央駅周辺

てんねんおんせんかけながしきぬはだのゆ しるくいんかごしま
天然温泉かけ流し絹肌の湯 シルクイン鹿児島

かけ流しの天然温泉でバラ湯も
中心市街地にありながら、地下700mから湧き出す天然温泉があり、大浴場には露天風呂もある。女性のみ季節限定でバラ湯も楽しめる。

DATA ☎099-258-1221 🏠鹿児島市上之園町19-30 🚋鹿児島中央駅東口から徒歩5分 🅿32台(1泊600円) 🍴1泊シングル6830円〜(要問合せ) 🕐IN15時 OUT11時 ●鉄筋7階建 ●全96室(S73・T18・D5) ●泉質：塩化物泉 ●風呂：内湯4 露天1 **MAP**P136B4

なんと! 贅沢にも
市内の銭湯は天然温泉です

**市内一円の銭湯で天然温泉が楽しめるなんて
温泉天国・鹿児島ならでは。ちょっとうれしい贅沢です。**

市内の源泉数は約270!
地元の暮らしに根付いています

霧島連山や桜島などの活火山を抱えている鹿児島は、県内のいたるところで温泉が湧く、まさに出で湯の地。鹿児島市の源泉数は、およそ270。市内にある約50カ所のほとんどの銭湯が、当たり前のように温泉を引いています。市民の暮らしには温泉が根付いています。

リーズナブルな値段も魅力
飲める温泉などもあります

市内にある銭湯の入浴料金は、ほとんどが大人420円ととってもリーズナブル。銭湯といっても大浴場だけでなく、サウナやうたせ湯、気泡浴、ジェットバスなど、さまざまな設備が整っている浴場が多く、早朝6時ごろから夜22時ごろまで営業しているのが一般的。

▼昭和の雰囲気漂う霧島温泉

▲豊富な湯量も魅力（写真は竹迫温泉の湯口）

▲これが鎖型三段浴槽（写真はみょうばんの湯）

(行ってみたい人はこちらへ)

上竜尾町（鹿児島市周辺） 　弱アルカリ単純温泉

さつまくろおんせん さんが
薩摩黒温泉 山華
貸切湯専門の温泉施設
全国的にも珍しい黒湯（モール泉）が楽しめる貸切湯専門温泉。浴室は檜や天然石、陶器風呂など8室あり、全室露天風呂と内湯、休憩室付き!
☎099-295-3406 🏠鹿児島市上竜尾町22-5 ¥90分4000円～（土・日曜、祝日は60分4000円～）🕐10～23時（受付は～22時）休無休 🚃JR鹿児島駅から車で5分 🅿30台 **MAP**P134C1

天文館周辺 　塩化物泉

きりしまおんせん
霧島温泉
レトロスタイルで懐かしい
大正時代創業。浴室のタイルに有田焼を使用し、レトロな雰囲気を漂わせる名物銭湯。天文館に近いので、観光の途中で立ち寄っては?
☎099-222-4311 🏠鹿児島市西千石町6-20 ¥420円 🕐6時～21時30分 休不定休 🚃高見馬場電停から徒歩5分 🅿6台 **MAP**P136C2

武1丁目（鹿児島中央駅周辺） 　ナトリウム塩化物泉

みょうばんのゆ
みょうばんの湯
三段浴槽が名物の駅チカ温泉
総檜の床が張られた大浴場の中央に鹿児島銭湯文化の象徴でもある鎖型三段浴槽が設けられ、異なる温度の湯を楽しめるほか、3つの貸切湯も備える。
☎099-298-1001 🏠鹿児島市武1-9-11 ¥420円（貸切湯は60分2500円～）※完全予約制 🕐6～22時 休不定休 🚃JR鹿児島中央駅西口から徒歩7分 🅿18台（貸切湯利用者専用3台）**MAP**P134B4

下荒田（鹿児島市周辺） 　塩化物泉

たけざこおんせん
竹迫温泉
創業130余年の老舗温泉施設
創業から130年以上だが、施設は新しい。番台スタイルを残すなど古き良き銭湯の面影も。保温効果の期待できる塩化物泉が豊富に湧出する。
☎099-255-1954 🏠鹿児島市下荒田3-22-10 ¥420円 🕐5時30分～22時30分 休第3木曜 🚃荒田八幡電停から徒歩6分 🅿28台 **MAP**折込表D4

自然に囲まれた霧島で温泉三昧？
それとも神話の世界でパワーチャージ!?

天孫降臨伝説の地の一つといわれる霧島。
パワースポット・霧島神宮でお参りをした後は、
温泉宿の料理と湯でほっこりと和みましょう。
春には、えびの高原や生駒高原にも足を延ばして。

霧島って
こんなところ

神話ロマンの息づく雄大な霧島山の恩恵を
受けた温泉郷であり、高原レジャーも楽しめます。

観光のみどころは 5つのエリアにあります

天孫降臨伝説の主人公・ニニギノミコトを祀
る霧島神宮のほか、風情の異なる名湯揃い
の霧島温泉郷、妙見・安楽温泉郷、霧島神
宮温泉郷、トレッキングスポットとして有名な
えびの高原、花の名所である生駒高原など、
鹿児島の代表的な観光名所が点在。

霧島・えびのエリアで 観光情報を ゲットするならココ！

霧島温泉市場（☞P97）にある霧島温泉観
光案内所や、霧島神宮
近くの霧島市観光案内
所を利用しよう。えびの
高原の情報は、エコミ
ュージアムセンターで。

| 問合せ 霧島温泉観光案内所 ☎0995-78-2541
| 問合せ 霧島市観光案内所 ☎0995-57-1588
| 問合せ えびのエコミュージアムセンター ☎0984-33-3002

行動に合わせて 移動手段を選びましょう

JR霧島神宮駅から路線バス利用で霧島神
宮や霧島温泉郷といった主要スポットに行く
ことができます。ただし便数が少ないので、
事前に時刻表をしっかりチェックしておきま
しょう。広範囲で観光したいならレンタカー
の利用がおすすめです。

きりしまおんせんきょう
霧島温泉郷　①

・・・P94

林田、丸尾、湯之谷、新湯、関平、硫黄谷、
栗川、殿湯、野々湯の、大小9つの温泉か
らなる温泉郷。立ち寄りで利用できる施設
も豊富。温泉天国・鹿児島でも湯けむりは
珍しいのですが、霧島では山あいから湯け
むりが立ち昇り、温泉旅情を楽しめます。

ここをチェック
きままな台所 ☞P90
丸尾滝 ☞P96
霧島温泉市場 ☞P97

みょうけんおんせん
妙見温泉　②
（妙見・安楽温泉郷）

・・・P92

清流の美しい新川渓
谷に連なる閑静な温
泉。昔ながらの風情
が漂う湯治湯や旅館
も多いです。

ここをチェック
妙見石原荘 ☞P92
忘れの里 雅叙苑 ☞P93

霧島アクセスMAP

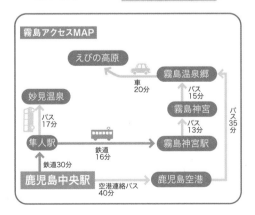

- えびの高原
- 霧島温泉郷
- 車20分
- バス15分
- 妙見温泉
- 霧島神宮
- バス17分
- バス13分
- バス35分
- 隼人駅
- 霧島神宮駅
- 鉄道16分
- 鹿児島中央駅
- 鉄道30分
- 空港連絡バス40分
- 鹿児島空港

えびの高原 ③

・・・P88

霧島錦江湾国立公園の一角をなす標高1200mの高原。ミヤマキリシマの群生で有名ですが、四季折々の花も見事です。

ひと足のばして

生駒高原・・・P88

秋のコスモス、春のアイスランドポピーなど、広大な敷地を埋め尽くす花のじゅうたんを楽しめる、標高550mの高原です。

霧島神宮 ④

・・・P86

霧島山の噴火により焼失と再建を繰り返してきた歴史ある古社。朱塗りの社殿は国の重要文化財です。

意外と広い

霧島市ってとっても広いんです

温泉地や霧島神宮があるのは実は霧島市の一部で、北側の部分です。南側は錦江湾までつながり、黒酢の里・福山も霧島市なのです。

桜島を望む福山の黒酢の壺畑（☞P98）

霧島神宮温泉郷 ⑤

・・P95・96

霧島神宮周辺に広がる温泉郷。ペンションから大型ホテルまで、さまざまなタイプの温泉宿が揃っています。

ここをチェック

さくらさくら温泉 ☞P95
霧島民芸村 ☞P96
霧島天狗館 ☞P96

全国有数のパワースポット
霧島神宮にお参りしましょう

ミステリアスな霧島七不思議、ロマンあふれる古代神話…、
天孫降臨の地に威風堂々と鎮座する荘厳で華麗なたたずまいに圧倒されます。

霧島神宮
きりしまじんぐう

パワースポット

2022年に本殿・幣殿・拝殿が国宝に指定

建国神話の主人公・ニニギノミコトを祀る風格ある古社で、杉木立に囲まれた朱塗りの社殿などは国宝に指定されている。6世紀半ば、高千穂峰山頂に創建されるも、霧島山の相次ぐ噴火により、西の中腹、高千穂河原を経て、現在地へと移された。神々と自然のなせるわざといわれる霧島七不思議スポット（☞P133）が点在。

☎0995-57-0001 住霧島市霧島田口2608-5 ¥⏰休境内自由(祈願の受付は8時30分～16時、授与所は8時～17時30分) 交JR霧島神宮駅から車で10分 P500台
MAP P138C3

❀❀❀❀❀
ご利益を高める!?
きりしま花まもり・九面守
くめんもり

さまざまなお守りも人気。九面守は天孫降臨神話に登場する九柱の神様を天狗面で表したもので、「何事にも工面がつく」とされる。

きりしま花まもり1体1000円。あらゆる願いが叶うといわれる万能なお守り

九面守1体1000円。全部で9種類ある。全部集めたらご利益も9倍?

❀❀❀❀❀

勅使殿
ちょくしでん

正徳5年(1715)、本殿同様、島津家第21代・吉貴の寄進により再建された

旧参道(亀石坂)
きゅうさんどう(かめいしざか)

参道脇では霧島七不思議の「風穴」「亀石」を見ることができる

亀石
かめいし

神様との約束を守らなかった亀が石にされたとも伝えられる

坂本龍馬・お龍
さかもとりょうま・おりょう

表参道を抜けた先の展望所には坂本龍馬・お龍の記念パネルがある

一の鳥居近くには無料の足湯があります

霧島神宮大鳥居横の、霧島市観光案内所前にあり、誰でも気軽に利用できる。「あし湯霧島」は、屋根付きで、一度に10人ほどが利用できる。参拝の後に立ち寄ってみては? ☎0995-57-1588(霧島市観光案内所) **MAP**P138C3

拝殿
はいでん

朱色と黄色のコントラストが美しい。外からの見学のみで、一般客の昇殿は不可

神楽殿

御神木(霧島メアサ)
ごしんぼく(きりしまめあさ)

高さ38m、幹回り7m、樹齢約800年の御神木は南九州の杉の祖とされる

木のコブの上にある枝が烏帽子姿の神様に見える

🅿第二駐車場

🅿バス専用駐車場

🅿第一駐車場

表参道

二の鳥居

社号標

晩秋の第二駐車場付近。紅葉が見事

\ 龍馬も訪れました! /

霧島 ● 霧島神宮にお参りしましょう

かつて、坂本龍馬・お龍夫妻も高千穂峰登頂後に参拝に訪れており、御神木の大きさや社殿の立派さに驚いたという。

ふたりは、こんなところにも行ってます

犬飼滝
いぬかいのたき

高さ36m、幅22m、新かごしま百景の1位にも選ばれた美滝。県道470号沿いには滝見台もある。
☎0995-45-5111(霧島市観光PR課) 🏠霧島市牧園町下中津川 ¥⏰🆓見学自由 🚗九州自動車道溝辺鹿児島空港ICから車で20分 🅿5台 **MAP**P138A4

塩浸温泉龍馬公園
しおひたしおんせんりょうまこうえん

龍馬夫妻が18日間も滞在していたのが塩浸温泉で、寺田屋事件で受けた刀傷を癒やしたと伝えられている。現在は夫妻の銅像や資料館、立ち寄り湯(☞P97)などがある公園。
☎0995-76-0007 🏠霧島市牧園町窪田3606 ¥🆓散策自由 🚗溝辺鹿児島空港ICから車で15分 🅿10台 ※資料館は¥200円 ⏰9～18時 🈺月曜(祝日の場合は翌日) **MAP**P138A4

📖 休憩所売店で購入できる「鉾餅(ほこもち)」は、神事の際に供える餅をかたどったお菓子。おみやげにいかが? 10個入り755円。

ロマンチックに花巡り
えびの高原でプチ山ガールに

霧島の高原には珍しい美しい花々もいっぱいです。
季節の便りを届けてくれる花たちに会いに行きましょう。

えびのこうげん
えびの高原

四季を彩る植物と湖を愛でつつ
自然散策を楽しみましょう

ススキやミヤマキリシマなどの群生が美しい、宮崎と鹿児島の県境にある標高1200mの高原。日本で最初に国立公園に指定された場所で、白紫池、六観音御池、不動池という3つの美しい火口湖があり、四季折々の景観を堪能できる。歩道も整備されているので、ガイドの案内付きでハイキングを楽しもう。
☎0984-33-3002(えびのエコミュージアムセンター)健宮崎県えびの市末永 ¥時休入園自由 交九州自動車道えびのICから車で40分 P200台(1日500円) MAP P138C1

つつじヶ丘の
ミヤマキリシマ
5月下旬〜6月上旬
春のえびの高原を紅紫色のじゅうたんのように彩る

◀誰でも気軽にハイキングにチャレンジできる

♨● 池巡り自然探勝路

所要時間
2時間20分

① えびのエコミュージアムセンター
→ 徒歩10分 →
② えびの展望台
→ 徒歩20分 →
③ 二湖パノラマ展望台
→ 徒歩20分 →
④ 白鳥山北展望台
→ 徒歩40分 →
⑤ 六観音御池展望台
→ 徒歩50分 →
⑥ えびのエコミュージアムセンター

※2023年1月現在、硫黄山周辺に噴火警戒レベル1(火口周辺規制)が発表されています。散策する場合は、事前にえびのエコミュージアムセンターへ問い合わせを

【ガイドと巡りたいならコチラへ】
●霧島ネイチャーガイドクラブ
☎090-3739-4814(古園さん) ¥人数によって異なる

いこまこうげん
生駒高原

コチラも
ステキです

色とりどりの花々が迎えてくれます

霧島山系の裾野にある、標高550mの高原。四季折々、約20種類以上のフラワーカーペットが高原を埋め尽くす。おみやげが充実したショップもある。
☎0984-27-1919(花の駅生駒高原)健宮崎県小林市南方8565-28 ¥600円(12〜3月上旬は無料) 時9〜17時 休無休 交宮崎自動車道小林ICから車で5分 P1000台 MAP折込表F2

アイスランドポピー
4月下旬〜5月中旬

生駒高原に春の訪れを告げるカラフルな花。5月の爽やかな風に揺れる花がとっても可憐。

カリフォルニアポピー
4月下旬〜5月中旬

丸く可愛らしい花びらが特徴。アイスランドポピーよりひと足先に見頃に。

＊ こんな花が見られます ＊

オオヤマレンゲ
6月～7月初旬

甘く気品のある香りを漂わせる上品な白い花。エコミュージアムセンターにも。

ノカイドウ
4月下旬～5月上旬

霧島山でのみ見られ、えびの高原の自生地は国の天然記念物に指定されている。

キリシマミズキ
4月中旬～5月中旬

九州では霧島山系でしか見られない豊潤な香りの花。キャンプ場付近や車道沿いに。

霧島 ● えびの高原でプチ山ガールに

池めぐり自然探勝路

びゃくしいけ
白紫池
冬になると湖面が氷結

火口壁の一部が欠けているのでたまる雨が少なく、水深は約1m。昭和の終わりまで天然のスケート場にもなっていた。

ろっかんのんみいけ
六観音御池
透明度抜群の美しい湖

霧島48池のなかで最も美しいといわれる。広葉樹と針葉樹が織りなす紅葉が見事だ。

えびのてんぼうだい
えびの展望台
最初のビューポイント

散策してすぐの場所にある展望台。韓国岳を正面にえびの高原全体を見渡せる。

ふどういけ
不動池
太陽の乱反射で七色に輝く

水深9m、直径210mの火口湖。県道からもこの美しいコバルトブルーの酸性湖を見渡すことができる。

あしゆのえきえびのこうげん
足湯の駅えびの高原
ちょっとひと息スポット

無料で利用できる足湯のほか、地元の特産品を販売する売店などがある。

つつじがおか
つつじヶ丘
見頃は5月下旬～6月上旬

ミヤマキリシマの群生を気軽に楽しめるスポット。一面紅紫に染まった丘を散策しよう。

えびのえこみゅーじあむせんたー
えびのエコミュージアムセンター
霧島の自然を学ぶなら

えびの高原の自然や動植物について、パネルや映像でわかりやすく学べる自然博物館。ドライブや登山の前に、ここに立ち寄り、情報を収集して出かけるのがベスト！

MAP P138C1

コスモス
10月初旬～下旬

生駒高原の秋の風詩。16万㎡に10種類100万本という、大スケールの花畑が圧巻。鮮やかなオレンジ色のキバナコスモスも同時に楽しめる。

濃厚ソフトやおみやげもCheck！

▶ 濃厚ソフトクリーム380円

高原の入口にある「花の駅 生駒高原」では、宮崎みやげが豊富に揃う物産販売所や高原ビューが楽しめるテラス付きカフェが。入園料はかからないので、気軽に立ち寄って。

旅の途中にホッとひと息
緑の中のほっこりカフェ

霧島観光の途中でちょっと休憩したいときは、森の中のカフェへ。
おいしい空気とのんびりした雰囲気に、心と体が自然と休まります。

きままなきっちん
きままな台所

森を見渡すガラス張りの店舗のほか、
木々の間にもテーブル席が

つい深呼吸したくなる、緑に囲まれた素敵カフェ

森の中を進むと見えてくるこのカフェでは、自家菜園の野菜をたっぷり使ったランチや自家製スイーツなどを味わえる。敷地内には無料で使えるハンモックなどもあるので、森林浴もゆっくり楽しもう。

☎0995-78-8118 住霧島市牧園町高千穂3890 ⏰10〜17時(食事は11〜15時LO) 休火・水曜(祝日の場合は営業) P10台 交JR霧島神宮駅から車で20分 MAP P138B2

1 森のワンプレートランチ2200円。自家菜園の野菜をふんだんに使い、彩り豊かに仕上げている 2 周りを木々に囲まれた外のテラス席。森の中なので夏も涼しい

テラスからの景色は絶景。
目の前に広がる緑に癒やされよう

かふぇ こころって
cafe cocorotte

丁寧に手作りされた人気のカフェごはんを

霧島の別荘地にあるカフェ。ランチは肉料理を中心にしたおまかせランチ1種類。内容は時期によって変わるが、大人向けの料理が多く、事前予約でのみ提供中。ドレッシングやデザートまで手作りのランチを味わって。

☎080-1793-2293 住霧島市霧島大窪785-583 ⏰11時30分〜15時 休火曜、ほか臨時休業あり P5台 交JR霧島神宮駅から車で16分 MAP P138C3

1 おまかせランチ1620円〜。サラダにも色とりどりの野菜を使い、見た目も華やか 2 白を基調としたオシャレな店内。席数が少なめなのでランチ以外でも予約がおすすめ

行動派にオススメ！パワーあふれる散策スポット

霧島神宮の近くの全長1800mの「霧島神水峡遊歩道」。豪快な滝や柱状節理、赤松並木など自然のパワーが満ちています。
☎0995-45-5111（霧島市観光PR課）**MAP**P138C3

ありすかふぇ
アリスカフェ

気持ちのいいテラス席でこだわりグルメはいかが？

鹿児島空港から車で5分ほどの位置にある。石窯で焼き上げるナポリピッツァやパスタなどの本格イタリアンのほか、自社畑の無農薬野菜を使った料理も魅力。天気のよい日にはテラスで味わうことができる。

☎0995-43-7788
住霧島市隼人町西光寺2460-1 ⏰11時〜21時30分LO 休水 曜
P15台 交JR霧島神宮駅から車で25分
MAP折込表E3

ウッドデッキのテラス席からは季節の草花を楽しめる

1 ペスカトーレ2人前4500円。スイーツメニューも豊富に揃う
2 店内はかわいらしい内装。テーブルが広々としており、落ち着ける

レモンパイ400円と紅茶300円をテラス席で。緑の庭にはシーソーやブランコも

すたじをもみのき
スタジヲもみの木

ロケーション抜群の古民家で癒やし度満点のスイーツを

古民家をリノベーションした雰囲気抜群のカフェ。ハーブやスパイスの組み合わせが味のポイントになっているアジア料理のランチが味わえる。ほか、豆乳チャイ350円などのオーガニックなドリンクもおすすめだ。

☎0995-78-8131 住
霧島市牧園町中津川2089-8 ⏰11〜16時
休土・日曜のみ営業、ほか臨時休業あり P20台
交JR霧島神宮駅から車で14分 **MAP**P138B3

1 唯一の食事メニューのランチ1000円が絶品。約2週間ごとにいろんなアジア料理が登場 2 細い道の先に現れる、レトロ感あふれる古民家カフェ

緑いっぱいの霧島は紅葉シーズンに訪れるのもおすすめ。国道223号沿いはドライブコースとして地元でも人気です。

妙見温泉で一泊するなら
憧れの温泉宿にしませんか？

天降川渓谷の流れに沿って連なる妙見温泉のなかでも
とびきりの時間を過ごせる2大セレブ宿で、自分にご褒美はいかが。

みょうけんいしはらそう
妙見石原荘

名泉、美食、眺望、もてなし…
絶品揃いの憧れ宿

天降川（あものがわ）のほとり、まばゆい緑に囲まれた閑静なロケーション。湯の温度を管理する湯守り、装花を施す花守りといった専用スタッフがつくり出す上質の空間で、最高のホスピタリティに出合える。また、食通もうなる季節の美食を美しい器で供するなど、こだわりは随所に。自慢の温泉は源泉のそばにしつらえた川沿いの露天や貸切湯「睦実（むつみ）の湯」で楽しんで。よりプライベートステイを求めるなら、石造りの蔵を移築・再生させた別館・石蔵や本館の露天付き客室をリザーブしよう。

☎0995-77-2111 🏠霧島市隼人町嘉例川4376 🚗九州自動車道溝辺鹿児島空港ICから車で15分 Ｐ50台 ●木造1階建、鉄筋4階建、2階建別館 全18室 ●1966年開業 ●泉質：炭酸水素塩泉 ●風呂：内湯1 露天3 客室露天6 MAP P138A4

料金	1泊2食付
✚ 平 日	2万7150円～
✚ 休前日	3万3150円～
🕐 IN15時 OUT11時	

日帰りプラン
源泉かけ流しの温泉とこだわりのランチを満喫できる日帰りプラン9680円～（要予約）も好評です。

古い石造りの重厚なたたずまいでありながら、スタイリッシュな印象を漂わせる「石蔵」

こうやってくつろぎましょ

1 客室から天降川の眺めを満喫

2 ウェルカムドリンクでひと息

3 貸切露天風呂でのんびり

4 客室でエステも（60分7800円～）

１ 客室内にある、専用の露天風呂は、時間を気にせず入れるのがうれしい **２** ベッドルームや広々リビングを備えた石蔵のゲストルーム **３** ギャラリーのような本館のロビーでは、飲泉カップ2000円などのおみやげも

🏠源泉かけ流し 🍴部屋食 💆エステあり 🚭禁煙ルームあり ゆ大浴場あり 🧍ひとり宿泊OK

妙見温泉って こんなところ です

鹿児島空港から車で約20分。天降川上流の渓谷沿いに点在する温泉地帯、妙見・安楽温泉郷。なかでも、自然の景観を生かした、温泉情緒あふれる宿が連なる妙見温泉は、独特の雰囲気が癒やし度満点で、リピーターも多い。

霧島 ● 妙見温泉 憧れの温泉宿

♨🍴🍽♨
わすれのさと がじょえん

忘れの里 雅叙苑

古民家再生の先駆け宿で 時を忘れるご褒美ステイ

石畳の小径に、囲炉裏小屋、放し飼いの鶏…、田舎の村に迷い込んだような懐かしい風景のなかに点々と立つ木造の古民家が客室。ノスタルジックかつ贅沢な趣があり、読書室、客室露天などがくつろぐためだけにセッティングされている。新鮮野菜のサラダ、地鶏の刺身、天然の鮎、山菜の田楽など、滋味豊かな食事にも癒やされる。季節によっては超ハイクラスなプライベートリゾート「天空の森」での贅沢ステイをセットにしたゴージャスプランも実施。

☎0995-77-2114 住霧島市牧園町宿窪田4230 交九州自動車道溝辺鹿児島空港ICから車で15分 ●送迎シャトルタクシーあり（要予約） P10台 ●木造1階建離れ 全8室 ●1970年開業 ●泉質炭酸水素塩泉 ●風呂：内湯2 客室露天2 客室風呂6 ※日帰りプランあり（ランチのみ2750円、ランチと入浴4400円〜） MAP P138A4

料金 1泊2食付
✛ 平 日 4万4150円〜
✛ 休前日 4万9650円〜
🕐 IN14時 OUT12時

エステプラン
全身トリートメントやヘッドスパなど、エステルームで行うリラクゼーションメニューも好評です（当日予約OK）。

自家製の無農薬野菜や、羽釜で炊いたご飯、地鶏の卵など、新鮮な地物食材が並ぶ

こうやってくつろぎましょ

① 窓から見える緑が目に眩しい

② 入室時に供される無料の草団子

③ おみやげを事前にチェック

④ 食事で出される野菜が並ぶ水屋を見学

1「もみじ」「けやき」「さくら」など5つの客室には「お風呂リビング」を設置。より贅沢なバスタイムを過ごせる 2過分な装飾を取り払った、シンプルでありながら心地よい客室で、何もない贅沢を楽しみたい 3巨大な一枚岩をくりぬいて作った野趣たっぷりの貸切湯「建湯（たけるゆ）」も、もちろん源泉かけ流し

📖 平安時代にはすでに温泉が湧出していたとか。以前はこの地に流された和氣清麻呂が入ったと伝わる野天風呂もありました。

じっくり湯浴みを楽しめる霧島の湯宿

個性豊かな名湯ひしめく九州屈指の温泉郷・霧島。
数多ある宿のなかから、日帰り入浴も楽しめる人気の宿を紹介します。

丸尾温泉

りょこうじんさんそう

旅行人山荘

野趣あふれる貸切露天風呂で温泉プラス森林浴を楽しんで

約5万坪という広大な自然林の中に立ち、敷地内にある「花房の滝」までの散策道周辺は森林セラピーロードに選ばれているなど、豊かな自然も魅力の宿。条件が整えば桜島も見渡せる大浴場では、内湯で単純温泉、露天で硫黄泉と2つの泉質を楽しめる。野生の鹿が顔を出すこともある、林の中にある3つの貸切露天風呂も人気。

☎0995-78-2831 住霧島市牧園町高千穂龍石3865 交九州自動車道溝辺鹿児島空港ICから車で30分 ●丸尾バス停から送迎あり P60台 ●鉄筋5階建 ●全39室 ●泉質：単純温泉、硫黄泉 ●風呂：内湯2 露天2 貸切4 客室露天3 MAP P138B2

日帰り入浴OK！

林の中の貸切露天風呂

「赤松の湯」

¥入浴1人50分1200円 🕒11～14時受付 休不定休※予約不可

ほかにも！ 大浴場／¥入浴600円 🕒12～15時 休無休

料金 1泊2食付

- 平日 1万930円～
- 休前日 1万3130円～
- 🕒 IN15時 OUT11時

1 夕食は追加料金で写真のみやま御膳に変更できる（写真は一例） 2 好みの柄の浴衣が選べる女性限定のサービスも！ 3 和情緒あふれるこのアプローチの先に貸切露天風呂がある

1 大正時代に建てられた趣ある本館。食事はこの本館でいただく 2 離れの部屋は全室露天風呂付き

日帰り入浴OK！

効能豊かな癒やしの湯

「キズ湯」

¥入浴500円 🕒9～17時（火・金曜14時～） 休不定休

ほかにも！ 露天風呂／¥入浴1200円 🕒9～17時（火・金曜14時～） 休不定休

料金 1泊2食付

- 平日 2万7650円～
- 休前日 3万950円～
- 🕒 IN15時 OUT10時

妙見温泉

みょうけんおんせん おりはしりょかん

妙見温泉 おりはし旅館

ノスタルジックな風情漂う創業140年余りの老舗旅館

明治12年（1879）創業の妙見温泉で最も古い老舗旅館。大正時代に建てられたレトロな雰囲気の本館のほか、それぞれに内湯と露天風呂を備えた12棟13室の離れがある。宿に自噴する「キズ湯」と名付けられた温泉は西南戦争の負傷兵を癒やしたと伝わる効能豊かな湯。懐石スタイルで供される、地のものをふんだんに使った夕食も楽しみ。

☎0995-77-2104 住霧島市牧園下中津川2233 交九州自動車道溝辺鹿児島空港ICから車で15分 ●送迎なし P30台 ●木造2階建 ●全13室 ●泉質：炭酸水素塩泉 ●風呂：内湯2 露天2 貸切0 客室露天13 MAP P138A4

 源泉かけ流し 部屋食 エステ有り 禁煙ルーム有 大浴場有 ひとり宿泊OK

霧島神宮温泉
さくらさくらおんせん
さくらさくら温泉

泥&泥パックで天然エステ
ツルスベ肌を手に入れよう

名物の天然泥湯で人気の宿。硫黄成分をたっぷり含んだ泥（湯の花）は、保湿効果や発汗作用があり、美肌効果抜群だと女性に好評。泥の成分を配合したオリジナルのクレイソープもあるのでおみやげにいかが? 宿泊棟は和室や温泉付きのログハウス、コテージなど5タイプがあるので、シチュエーションに合わせて選べるのもうれしい。

🔥**日帰り入浴OK!**
天然泥湯を楽しめる
「さくら湯」
¥入浴750円 ⏰11〜16時 休不定休

料金	1泊2食付
✚ 平 日	1万2150円〜
✚ 休前日	1万4150円〜
⏰ IN16時	OUT10時

▶しっとり
和の風情
漂う母屋

☎0995-57-1227 🏠霧島市霧島田口2324-7 🚃JR霧島神宮駅から車で15分 ●送迎なし Ｐ100台 ●全38室 ●泉質：単純温泉 ●風呂：内湯2 露天2 貸切4 貸切露天4(貸切は宿泊者のみ) MAP P138C3

🔥**日帰り入浴OK!**
1カ所で湯めぐりが楽しめる
「硫黄谷庭園大浴場」
¥入浴1200円 ⏰11〜17時※早めに終了する場合あり 休不定休

▶鹿児島県産の黒豚や黒牛、地元の食材を盛り込んだ会席料理一例

料金	1泊2食付
✚ 平 日	1万5550円〜
✚ 休前日	1万7750円〜
⏰ IN15時	OUT10時

☎0995-78-2121 🏠霧島市牧園高千穂3948 🚗九州自動車道辺鹿児島空港ICから車で32分 ●送迎なし Ｐ100台 ●鉄筋8階建(本館) ●全95室 ●泉質：みょうばん泉 単純硫黄泉 塩類泉 鉄泉 ●風呂：内湯18 混浴1 露天2 MAP P138C2

硫黄谷温泉
いおうだにおんせん きりしまほてる
硫黄谷温泉 霧島ホテル

坂本龍馬夫妻も訪れた
名湯を体感しよう

14の泉源から湧き出す4つの泉質を一度に楽しめる大浴場が自慢。中央にある深さ1.4m、奥行き25mとまるでプールのような立ち湯は混浴だがタオル着用可なので安心して。温泉を満喫した後は、鹿児島の旬の食材を盛り込んだ美味な料理に舌鼓を。またホテルの前身「霧島館」に坂本龍馬夫妻が宿泊したことでも知られている。

丸尾温泉
おーべじお きりしまかんこうほてる
AUBEGIO 霧島観光ホテル

300年もの歴史を誇る
薩摩の殿湯を満喫

国道223号沿いにあり、霧島観光の拠点として最適な場所に立つホテル。薩摩藩4代藩主の島津吉貴が湯治場として愛用していたという歴史ある温泉を、眺望最高の展望風呂で楽しめる。料理長が霧島の食材を使い一皿一皿心を込めて作る料理も好評。露天風呂付きスイート客室が5室あり、そちらではさらに快適に過ごせそうだ。

🔥**日帰り入浴OK!**
鹿児島のシンボル・桜島を望む
「展望大浴場」
¥入浴800円 ⏰12〜16時受付 休無休
ほかにも! 貸切風呂／ ⏰60分2200円
⏰12時〜、13時〜の予約制 休土・日曜、祝日

料金	1泊2食付
✚ 平 日	1万2100円〜
✚ 休前日	1万5400円〜
⏰ IN15時	OUT10時

▶外からの光が差し込む開放感あふれるロビー

☎0995-78-2531 🏠霧島市牧園高千穂3885 🚗九州自動車道溝辺鹿児島空港ICから車で30分 ●送迎なし Ｐ60台 ●全80室 ●泉質：単純泉 ●風呂：内湯2 露天2 貸切風呂5 客室露天11 MAP P138B2

ココにも行きたい

霧島のおすすめスポット

鹿児島県霧島アートの森
かごしまけんきりしまあーとのもり

絶景とアートのコラボを楽しむ

霧島連山の西、標高700mの場所にある現代アートの野外ミュージアム。インパクト抜群の草間彌生『シャングリラの華』など、大自然を舞台にしたユニークなアート作品に出合える。定期的に、企画展やイベントも開催されている。**DATA** ☎0995-74-5945 﨟湧水町木場6340-220 ¥320円 ◷9〜17時（入園は〜16時30分）ᯝ月曜（祝日の場合は翌日）ᯮJR栗野駅から車で20分 ᐳ200台 **MAP**P138A1

草間彌生『シャングリラの華』

美術館のカフェテリアから眺められる西野康造（にしのこうぞう）『気流 一風になるとき』

霧島民芸村
きりしまみんげいむら

屋久杉で作った工芸作品がズラリ

屋久杉製品を展示・販売する屋久杉資料館や龍神焼きの工房、レストラン、森の散策道などを備えた見学スポット。お菓子や屋久杉工芸品、焼物などのみやげ物も販売されている。霧島神宮の鳥居のすぐ隣にある寝殿造りの建物を目印に。**DATA** ☎0995-57-3153 﨟霧島市霧島田口2458 ¥無料 ◷9時〜17時30分 ᯝ水曜 ᯮJR霧島神宮駅から車で10分 ᐳ30台 **MAP**P138C3

丸尾滝
まるおのたき

ドライブ途中のビュースポット

高さ23m、幅16mの滝。上流の温泉水が集まって落ちる珍しい湯の滝で、冬場には湯けむりが立ち昇る。一年を通して夜になるとライトアップもされ、ことさら幻想的なムードに。また滝の周囲を紅葉が彩る秋の眺めは格段に美しく、風情たっぷり。**DATA** ☎0995-45-5111（霧島市観光PR課）﨟霧島市牧園町高千穂 ¥ᯝ見学自由 ᯮJR霧島神宮駅から車で20分 ᐳ7台 **MAP**P138B2

霧島天狗館
きりしまてんぐかん

ユニークなお面ギャラリー

霧島神宮の参道にあるスピリチュアルスポット。オーナーが長年かけて集めたくさんのお面が、天狗、能面、鬼のジャンル別に展示してあり、その数はなんと2000種類以上。日本のみならず、アジアやアフリカなど世界中の珍しいお面も並ぶ。**DATA** ☎0995-64-8880 﨟霧島市霧島田口2459-60 ¥250円 ◷10〜16時 ᯝ火曜 ᯮJR霧島神宮駅から車で10分 ᐳ6台 **MAP**P138C3

霧島町蒸留所
きりしまちょうじょうりゅうしょ

かめ壺仕込みの焼酎造りを紹介

明治44年（1911）の創業以来受け継がれている、かめ壺を使った仕込みの工程を見学できる。直売所では代表銘柄の「明るい農村」シリーズをはじめ、焼き芋焼酎「農家の嫁」1695円（720ml）などが購入できる。**DATA** ☎0995-57-0865 﨟霧島市霧島田口564-1 ¥無料 ◷9〜17時 ᯝ1月1〜3日 ᯮJR霧島神宮駅から車で5分 ᐳ8台 **MAP**P138C4

霧島神話の里公園
きりしましんわのさとこうえん

霧島の絶景レジャースポット

園内ではロードトレインや全長390mのスーパースライダーなどで遊べ、標高680mの頂上まで上る遊覧リフトからは高千穂峰や桜島などが見晴らせる。お腹がすいたら道の駅 霧島の展望レストラン（右）で食事を。**DATA** ☎0995-57-1711 﨟霧島市霧島田口2583-22 ¥入園無料（体験は有料）◷9〜17時 ᯝ無休 ᯮJR霧島神宮駅から車で15分 ᐳ280台 **MAP**P138C3

展望レストラン
てんぼうれすとらん

"西郷どん"にちなんだランチあり！

道の駅 霧島「神話の里公園」内のレストランでは、大河ドラマでも注目された西郷隆盛の好物を盛り込んだ特製のランチメニュー「西郷どん御膳」1270円（1日10食限定）が人気。ほかに黒豚を使ったメニューやうどん・そばなどの軽食もある。**DATA** ☎0995-57-1711 﨟霧島市霧島田口2583-22 ◷10時〜16時15分LO ᯝ無休 ᯮJR霧島神宮駅から車で15分 ᐳ280台 **MAP**P138C3

地鶏料理 鶏料理 みやま本舗 霧島店
じどりりょうり とりりょうり みやまほんぽ きりしまてん

新鮮地鶏の本物のおいしさを堪能

創業30年 移譲、地鶏発祥の元祖といわれる専門店。特製刺身ダレで食べる鶏刺しや、秘伝のタレを使ったタレ焼き、鶏本来の味を楽しめる塩焼きのほか、丼ものや定食も揃う。品切れの場合もあるので、夜は予約がベター。**DATA** ☎0995-57-0201 﨟霧島市霧島田口1611-10 ◷11〜21時 ᯝ木曜（祝日の場合は営業）ᯮJR霧島神宮駅から車で7分 ᐳ20台 **MAP**P138B3

産直レストラン 黒豚の館
さんちょくれすとらん くろぶたのやかた

牧場直営店で本物の黒豚を味わう

「薩摩の黒い宝石」ともよばれる霧島高原純粋黒豚・ロイヤルポーク。その最上級のおいしさを、思う存分堪能しよう。ソーセージ、焼豚など加工品の販売もあり。**DATA**☎0995-57-0713 **住**霧島市霧島永水4962 **時**食事11～15時、物販11～17時 **休**水曜（祝日の場合は翌日）**交**JR霧島神宮駅から車で6分 **P**25台 **MAP**P138B4

霧島大地ごはん
きりしまだいちごはん

霧島の旬の食材を味わおう

霧島で育てられた新鮮野菜や肉、卵を使い、多彩なメニューを提供。掘りごたつ式の座敷は、ファミリーでの利用もおすすめ。併設する物産館では地元の特産品やみやげ物も販売。**DATA**☎0995-55-8135 **住**霧島市牧園町宿窪田2125-1 **時**11時～14時30分LO（日曜、祝日は～16時30分LO）**休**月曜 **交**溝辺鹿児島空港ICから車で20分 **P**62台 **MAP**P138A3

喫茶たんぽぽ
きっさたんぽぽ

コーヒー片手に時間を忘れるひとときを

日の出温泉 きのこの里（☞P97）併設のカフェ。落ち着いた雰囲気の店内では、プレス式でいれる本格コーヒーを楽しめる。コーヒーにスティックトーストとヨーグルトのセット720円など軽食も人気。天降川や周囲の木々をながめながらのんびり過ごそう。**DATA**☎0995-77-2255 **住**霧島市牧園町宿窪田3698 **時**11時30分～16時LO **休**火曜 **交**溝辺鹿児島空港ICから車で9分 **P**30台 **MAP**P138A4

ノーブル霧島珈琲館
のーぶるきりしまこーひーかん

閑静な別荘地のツウ好みのカフェ

ドライブ途中においしいコーヒーが飲みたくなったら、迷わずココへ。皇室献上品であるセレベス・カロシ700円など極上のコーヒーが味わえる。フルーツ・パウンド・ラムケーキやカスタードプリンなどの手作りスイーツはあるが、食事メニューはないので注意して。☎0995-57-3132 **住**霧島市霧島大窪785-543 **時**14～18時 **休**不定休 **交**JR霧島神宮駅から車で5分 **P**5台 **MAP**P138C4

霧島燻製ファクトリー
きりしまくんせいふぁくとりー

安心・無添加の手作りベーコンはいかが?

霧島の森の中にある燻製工房で作られるのは、添加物を一切使わず、自然塩のみでシンプルに丁寧に加工している自家製ベーコンとハム。安心・安全に徹底的にこだわっているので、オーガニック志向の人にもおすすめ。霧島燻製無添加ベーコンは100g1000円～。**DATA**☎0995-78-2110 **住**霧島市牧園町高千穂3917-228 **時**要問合せ **休**要問合せ **交**JR霧島神宮駅から車で20分 **P**10台 **MAP**P138B2

霧島温泉市場
きりしまおんせんいちば

霧島みやげを揃えた観光複合施設

霧島茶、黒豚加工品、霧島スイーツはもちろん、足湯や食事処、温泉の蒸気で蒸した温泉玉子100円、温泉まんじゅう200円など霧島らしいおやつも人気。2階は観光案内所になっていて、霧島の情報を手に入れられる。**DATA**☎0995-78-4001 **住**霧島市牧園町高千穂3878-114 **時**8時30分～18時（店舗により異なる）**休**無休（店舗により異なる）**交**JR霧島神宮駅から車で30分 **P**41台 **MAP**P138A4

♨ 湯どころ・霧島ならでは! 個性派揃いの立ち寄り湯

霧島を訪れたなら温泉体験しなくっちゃ。そんなときにおすすめしたい空港近くの入浴施設はココ!

かれい川の湯
かれいがわのゆ

渓流沿いの和モダンな貸切湯

天降川沿いにある貸切湯で、せせらぎの音が耳に心地いい。趣向の異なる18部屋を完備。**DATA**☎0995-54-6060 **住**霧島市隼人町嘉例川4471-2 **料**1室60分1500円～ **時**10～23時（受付は～22時）**休**木曜 **交**溝辺鹿児島空港ICから車で13分 **P**30台 **MAP**P138A4

龍馬とお龍の湯（塩浸温泉龍馬公園内）
りょうまとおりょうのゆ（しおひたしおんせんりょうまこうえんない）

龍馬ゆかりの温泉スポット

霧島を旅行中、龍馬が最も長く滞在したといわれる温泉。龍馬と霧島の関わりを紹介した資料館も。**DATA**☎0995-76-0007 **住**霧島市牧園町宿窪田3606 **料**380円 **時**9～18時（受付は～17時30分）**休**月曜（祝日の場合は翌平日）**交**溝辺鹿児島空港ICから車で10分 **P**10台 **MAP**P138A4

日の出温泉 きのこの里
ひのでおんせん きのこのさと

渓谷美も楽しめる名湯

天降川沿いにあり、大きな窓から眺める木々に囲まれた渓谷は絶景そのもの。湧水を利用した露天の水風呂もある。**DATA**☎0995-77-2255 **住**霧島市牧園町宿窪田3698 **料**200円 **時**10～20時 **休**火曜 **交**溝辺鹿児島空港ICから車で9分 **P**30台 **MAP**P138A4

霧島神宮（☞P86）を着物で参拝できる「和服で参拝、ぶら霧島神宮。」というプランあり。詳しくは観光案内所へ。

ズラリと並ぶ壺が壮観！
黒酢の里・福山へ

＋鹿児島市内
から車で1時間

ヘルシーな「黒酢」のふるさと福山で
目にも見事な壺畑と、体にやさしい黒酢料理を堪能しましょう。

黒酢の里・福山って こんなところ

陶器の壺に蒸し米と米麹、地下水のみを原料に仕込んで造られる壺酢は、約200年前の江戸時代後期から始まった。薩摩藩の物流拠点であり、商業地として栄えていた福山町は、原料となる米が集まりやすく、加えて良質でおいしい水、温暖な気候といった好条件も重なり、壺を使った酢造りが盛んになった。

アクセス
🚗 東九州自動車道
国分ICから車で10分

問合せ
黒酢レストラン 黒酢の郷 桷志田
☎0995-55-3231

❶丘の斜面に黒塗りの壺がズラリと並ぶさまは福山町ならではの景観（写真は坂元醸造）　❷熟成年数で風味が違うとのこと。試飲で確かめてみよう

〈 黒酢グルメのことなら、この2軒にお任せ!! 〉

さかもとじょうぞう さかもとのくろず 「つぼばたけ」じょうほうかんあんどれすとらん
坂元醸造 坂元のくろず「壺畑」情報館&レストラン

黒酢の名付け親でも知られる坂元醸造の情報館&レストラン。くろずを使った料理やくろずのソフトクリーム220円〜などあり。

☎0995-54-7200 🏠霧島市福山町福山3075 🕘9〜17時（レストラン10時〜）🈺12月31日、1月1日 🚗東九州自動車道国分ICから車で10分 🅿80台 **MAP**折込表E3

「壺畑」プレミアムランチ1980円

くろずれすとらん くろずのさと かくいだ
黒酢レストラン 黒酢の郷 桷志田

全席錦江湾ビューのレストラン。JAS認証有機黒酢や有機野菜を使った料理を楽しもう。ランチタイムは11〜15時LO。

☎0995-55-3231 🏠霧島市福山町福山大田311-2 🕘9〜17時 🈺12月31日、1月1日 🚗東九州自動車道国分ICから車で15分 🅿100台 **MAP**折込表E3

黒豚の黒酢酢豚ランチ1870円

📖 坂元醸造も桷志田も売店で黒酢を販売しています。坂元醸造「坂元のくろず」360㎖1058円〜。桷志田は720㎖3240円〜。

指宿の砂むしへ
そんな温泉体験も楽しいです

砂に埋もれながら温泉気分を味わえるのが指宿。
ちょっと童心に返ってしまう砂むし風呂や、
風光明媚な開聞岳をバックに南国ドライブ。
知覧の武家屋敷ではお姫さま気分が盛り上がります。

指宿・知覧って
こんなところ

南国情緒あふれる湯の町・指宿、薩摩の小京都・知覧は景観も美しく、ドライブや散策にピッタリ。

主なみどころは7つです

江戸時代の面影を残す知覧武家屋敷や、戦争の歴史を刻む知覧特攻平和会館といったみどころ豊富な知覧、砂むし温泉で知られる指宿など全国的に知られる観光エリア。ほかにも、秀麗な開聞岳に菜の花が咲き誇る池田湖、薩摩半島最南端の長崎鼻、フラワーパークかごしまなど、南九州らしさを満喫できるスポットがいっぱいです。

指宿・知覧エリアの観光情報はココ！

指宿エリアの情報を入手したいなら、指宿駅構内の観光案内所や、指宿駅近くのいぶすき情報プラザへ。知覧エリアなら、知覧特攻平和会館近くに観光案内所があります。

問合せ 指宿市総合観光案内所 ☎0993-22-4114
問合せ 南九州市商工観光課 ☎0993-83-2511

指宿と知覧はバスで約60分

鹿児島から指宿には特急列車で約50分、車なら海岸線を走る国道226号で約45㎞。快適なシーサイドドライブが楽しめる。知覧へは鹿児島中央駅からバスで約1時間12分。知覧、指宿間はバス移動で約1時間だが、1日5便程度なので、余裕をもって。

ちらんぶけやしきぐん
知覧武家屋敷群 ①
···P108・110

江戸時代さながらの武家屋敷が並ぶ通りを散策しつつ、美しい7つの名勝庭園を見学できます。

ここをチェック
知覧武家屋敷庭園 ☞P110
知覧型二ツ家民家 ☞P111

かいもんだけ
開聞岳 ④
···P106

薩摩富士ともよばれる美しい円錐形の山。南薩のいたるところからその姿を眺められます。

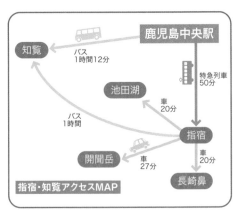

指宿・知覧アクセスMAP

鹿児島中央駅
知覧 ← バス 1時間12分
特急列車 50分
池田湖
車 20分
バス 1時間
指宿
開聞岳 ← 車 27分
車 20分
長崎鼻

知覧
ちらん
・・・P108

全国有数の茶どころでもあり、薩摩らしい武家屋敷の庭園美、特攻隊の資料館などがあります。

ここをチェック
TEALAN薩摩英国館☞P108
知覧特攻平和会館☞P109

池田湖
いけだこ
・・・P106

九州最大のカルデラ湖で、オオウナギの生息地として知られています。謎の珍獣イッシーの噂も！

指宿・知覧

指宿
いぶすき
・・・P102

豊富な湯量を誇る、海沿いの開けた温泉。全国的にも珍しい温浴法・砂むしが体験できます。

ここをチェック
砂むし会館 砂楽☞P102
山川砂むし温泉 砂湯里☞P102
休暇村指宿☞P103

谷山へ→
川辺
五位野駅へ
平川駅
19　225
指宿枕崎線
知覧
指宿スカイライン
枕崎へ→
南九州市役所　①
瀬々串駅
中名駅
226
喜入駅
鹿児島湾（錦江湾）
南方神社
山之神神社
前之浜駅
頴娃街道
① 知覧武家屋敷群
② 知覧
鹿児島市
頴娃
17
生見駅
道の駅 いぶすき 彩花菜館
薩摩今和泉駅
27
南九州市
松ヶ浦駅へ→
松尾城跡
指宿市
今嶽神社
知林ケ島
観光案内所
宮ヶ浜駅
きらら館
226
御領駅
西頴娃駅
指宿 ⑤
二月田駅
指宿市役所
水成川駅
頴娃駅
③ 池田湖
指宿駅
頴娃大川駅
鰻池
薩摩川尻駅
東開聞駅
西大山駅
山川駅
開聞駅
大山駅
269
入野駅
東シナ海
開聞山麓自然公園
道の駅 山川港活お海道
白露酒造
④ 開聞岳
⑥ フラワーパークかごしま
龍宮神社
⑦ 長崎鼻

0　5km
N

フラワーパークかごしま
ふらわーぱーくかごしま
・・・P107

東京ドーム8個分という広大な敷地で世界各地の植物が四季を彩る、花と緑のパラダイス！

長崎鼻
ながさきばな
・・・P107

薩摩半島最南端にあり、ビュースポットが多く、南国ムードにあふれています。浦島太郎伝説の龍宮神社も。

砂に埋もれてデトックス
指宿の名物、砂むし温泉です

指宿名物の砂むし温泉は、たっぷり汗をかくからデトックス効果抜群！
砂むし温泉で美肌女子になりましょう。

砂むし会館 砂楽
すなむしかいかん さらく

指宿最大の砂むし温泉

立ち寄りで気軽に利用できる公共の砂むし施設。天候がよい大潮の干潮時は海岸の波打ち際で、それ以外は屋根付きの砂むし場で砂浴を。老廃物を排出し、血液の循環が促進されるという。

☎0993-23-3900 **住**指宿市湯の浜5-25-18 **¥**1100円(タオル販売200円、大浴場のみは620円) **時**8時30分〜21時(平日の12〜13時は受付休止) **休**7・12月に休館日あり **交**JR指宿駅から車で5分 **P**90台 **MAP**P139C1

昔から親しまれる砂むし温泉。与謝野晶子も訪れている

砂むし会館の全景、受付はエスカレーターで上った2階にある

見た目より重さのある砂で全身を包まれるとつい、ウトウトする人も

{ 砂むし温泉の
入り方 }

砂の中に体を埋めて入浴する砂むし温泉は、普通の温泉とは入浴方法が異なります。浴衣はいつ着るの？　砂から出たらどうするの？　初めてでも戸惑わず入浴できるように、砂むし温泉の入り方を紹介します。

①
浴衣を借ります

まずは受付で入浴料を払って砂むし専用の浴衣を受け取ります。タオルは買っても自分で持ち込んでもOK。

②
着替えます

更衣室で服も下着もすべて脱いで、浴衣をはおりましょう。デジカメは持込み可です。

③
砂むし場へ

浴衣のまま海岸沿いの砂むし場へ。砂むし場から見える海岸や周囲の景色も楽しんで。

山川砂むし温泉 砂湯里
やまがわすなむしおんせん さゆり

開聞岳が望める海辺の砂むし温泉

薩摩富士とよばれる開聞岳を望む、伏目海岸にある砂むし温泉。目の前に広がる東シナ海のロケーションと砂むしを満喫した後は、天然の蒸気を使うカマド「スメ」で蒸し上げた、卵や地元野菜などをほおばりながら周辺を散策してみても。※2023年1月現在、休館中。2024年4月より開館予定。☎0993-35-2669 **住**指宿市山川福元3339-3 **¥**830円 **時**9〜17時 **休**無休 **交**JR山川駅から車で15分 **P**40台 **MAP**P139C4

「スメ」で蒸した蒸し卵や地元野菜が味わえる。小腹がすいたらぜひ

砂むし後に入る大浴場、石鹸とシャンプーは使用できない

天気がよければ水平線の向こうに屋久島を望むことも

きゅうかむらいぶすき
休暇村指宿

びわの葉入りの砂むしも楽しめる

砂の架け橋で有名な知林ヶ島(MAP P139 C3)の近くにある休暇村指宿では、通常の砂むし温泉のほかにオリジナルの「びわの葉入り砂むし温泉」が楽しめる。リラックス効果があるといわれるびわの葉を敷けば、さらに体にいい砂むし体験ができそう。

☎0993-22-3211 住指宿市東方10445
¥1100円(びわの葉入りは1200円) ⏰11〜20時
休無休 交JR指宿駅から車で10分 P100台
MAP P139C3

耳を澄ませば波の音が聞こえてくる露天風呂

貸切半露天風呂「癒湯(ゆゆ)」は事前予約制で45分2200円

たっぷり汗をかいて、体の中からきれいになろう

---

④ 砂をかけてもらいます

主に足下から砂がかけられていく。砂が重かったり熱すぎるときは、スタッフに申し出て軽くしてもらいましょう。

⑤ 砂の中で入浴

初めてなら10分の入浴が目安。砂が重かったり、暑くなりすぎたら、我慢せず手足を動かして砂を崩しても大丈夫。

⑥ 砂を崩して出ます

手や足など、動かしやすいところから動かして砂を崩し、ゆっくり起き上がりましょう。全身汗だくなのにビックリ!

⑦ 砂を落として大浴場へ

※砂のついた浴衣のままではお風呂に入れません

そのまま大浴場前へ移動し、浴衣を脱いで、シャワーなどで体の砂を落とします。

砂むしの後はコレたべよ♪

砂むしグルメ「温たまらん丼」

砂むし温泉の源泉で作る温泉卵に、指宿の食材を使った丼を各店が趣向を凝らして提供する「温たまらん丼」。指宿のご当地グルメです。

くろぶたときょうどりょうり あおば
黒豚と郷土料理 青葉

秘伝のタレを絡めた黒豚三枚肉をメインに季節の指宿産の野菜で彩り、中央に指宿の砂むし温泉の源泉でゆでた温泉卵がのった「いぶすき黒豚丼」980円。

☎0993-22-3356 住指宿市湊1-2-11 ⏰11時〜14時30分LO、17時30分〜21時LO 休水曜 交JR指宿駅から徒歩1分 P15台 MAP P139C1

さつまあじ
さつま味

温泉卵と海鮮を組み合わせた「板前まかない丼」1100円は、大将が修業時代に味わったまかない料理を再現。昼のみ限定10食提供(予約可)。☎0993-22-2614 住指宿市湊2-1-31 ⏰11時30分〜13時10分LO、17時30分〜20時10分LO 休火曜 交JR指宿駅から徒歩4分 P15台 MAP P139C1

その昔「湯豊宿(ゆぶしゅく)」ともよばれた指宿。砂むし以外にも薩摩の殿様御用達の温泉など良泉が多いのも特徴です。

海に向いた展望座席が楽しい
観光列車「いぶたま」で指宿へ

白黒の車体に海を眺めるカウンター席など話題満載の特急「指宿のたまて箱（通称いぶたま）」
大人気の列車に乗って指宿へ出かけましょう！

「いぶたま」って こんな列車です

JR鹿児島中央駅〜指宿駅間を約50分で結ぶ、平成23年（2011）から運行を開始した観光列車で、正式名称は特急「指宿のたまて箱」。車体は白と黒に塗り分けられ、車内には海を眺めるカウンター席や本棚を設置。さらに龍宮伝説をモチーフにしているだけあって、駅に停車すると乗降口からミストも出るというユニークな仕掛けも！ **DATA** JR鹿児島中央駅〜JR指宿枕崎線・指宿駅まで片道約50分、1日3往復、全席指定。特急指定料金を含め、片道通常2300円。購入は1カ月前から。☎0570-04-1717（JR九州案内センター●9時〜17時30分）

海の上を走っているみたい！

予約が真っ先に埋まる海側のカウンター席。窓からの風景は、船でクルージングしてるみたい

海に浮かぶ桜島を見て！

JR指宿枕崎線と国道226号が並走する場所もあって、いぶたまと車が並んで走る様子も楽しい

国道と並走！

かごしまちゅうおうえき
鹿児島中央駅　—約30分—　きいれえき 喜入駅　—約20分—　いぶすきえき 指宿駅

いぶたま人気みやげはこれ！

いぶたま車内で販売される指宿の特産品を使ったスイーツ。迷わずゲットして！

いぶたま限定販売の「いぶたまプリン」1個440円

"たまて箱"に入った、かわいらしい「いぶたまスイーツ」720円

指宿のご当地サイダー「指宿温泉サイダー」は300円。すっきりした甘さ

いぶたま車内はこうなっています！

指宿に関する書籍や絵本などが並ぶ本棚。列車にいることを忘れそうなソファ席は人気高し！ひと味違う列車の旅を楽しんで。

鹿児島の郷土玩具もディスプレイ、さらに遊び心で車内のどこかに「たまて箱」も置いてあるから乗車中に探してみて！

カウンター席のシートは回転式！

海側に設けられたカウンター席だと、よりゆったりとくつろげる。車窓に広がる錦江湾の景色は旅の思い出に残る美しさ。

車内の床や座席、テーブルには南九州産の杉材が使われている。これも観光列車ならではの粋で贅沢な演出。

各車両の入口とお手洗いの入口に下げられているのれんには、玉手箱がデザインされていてとってもオシャレ。

ドアが開くと乗降口の上方からプシューっと吹き出すミスト！浦島太郎が開けた玉手箱から出る煙をイメージしている。

パワースポットに近づいてハッピーになれるかも!?

JR最南端の駅 西大山駅へ

指宿駅から在来線で約20分の西大山駅は、JRの日本最南端の無人駅。周辺にはフラワーパークかごしまや長崎鼻（☞P107）などの観光スポットも点在している。便数が少ないので、時刻表チェックを忘れずに。☎0993-34-0132（かいもん市場久太郎）住指宿市山川大山860-2 ⏰8時30分～16時30分 休なし ⏪JR西大山駅からすぐ P10台 MAP P139B4

◀薩摩富士・開聞岳が正面に望めるホーム、先端には最南端の駅の標識もある

◀指宿を代表する花・菜の花にちなんだ黄色のポストは、現役のポストでもある

▼駅前の「かいもん市場久太郎」では最南端の駅到着証明書を1枚110円で販売

西大山駅まで行くならこのきっぷがおトク

鹿児島中央駅から指宿・西大山駅間を、「JR往復」か「片道路線バス」で利用できるおトクな「指宿レール&バスきっぷ」は2日間有効で3150円。もちろんいぶたまにも乗車可能。☎0570-04-1717（JR九州案内センター）⏰9時～17時30分）

指宿から開聞岳周辺をまわる
気持ちいい! 絶景ドライブ

薩摩富士ともよばれる開聞岳と沿道に咲くカラフルな花々。
南国の海岸線をゆるゆる走りながら絶景ドライブを楽しみましょう。

モデルコース

所要時間
約5時間

指宿から
車で20分

1 池田湖

車で7分

2 指宿市営
唐船峡
そうめん流し

車で40分

3 釜蓋神社
(射楯兵主神社)

車で50分

4 フラワーパーク
かごしま

車で5分

5 長崎鼻＆
龍宮神社

車で15分

6 ヘルシーランド
露天風呂
たまて箱温泉

指宿まで
車で20分

正面に開聞岳を望む絶好のビューポイント

1 池田湖 (いけだこ)

九州最大の湖。季節の花々もステキ

周囲15km、水深233m、大昔の火山活動によってできた九州最大のカルデラ湖。湖畔には、菜の花やリビングストンデージーなど、季節の花々が咲き誇る。湖面の向こうに見える薩摩富士とよばれる開聞岳の美しい姿は必見だ。

☎0993-22-2111(指宿市観光課) 🏠指宿市池田 💴🕐🈳見学自由 🚃JR指宿駅から車で20分 🅿111台 **MAP** P139B3

ようこそ!

2022年10月
広場やカフェを
併設する公園・
IKEDAKO PAXが
グランドオープン

3 釜蓋神社 (かまふたじんじゃ)
(射楯兵主神社) (いたてつものぬしじんじゃ)

人気沸騰のパワースポット

勝負・武の神様であるスサノオノミコトを祀り、勝負運にご利益があると人気。頭に釜の蓋をのせて参拝するスタイルもユニーク。

☎0993-38-2127(釜蓋神社・管理運営委員会) 🏠南九州市頴娃町別府6827 💴🕐🈳境内自由 🚃JR頴娃大川駅から車で5分 🅿70台 **MAP** P139A3

2 指宿市営唐船峡そうめん流し (いぶすきしえいとうせんきょうそうめんながし)

鹿児島ではそうめん流し器のそうめん流しが定番です

そうめんと一緒にニジマスも味わえるA定食1680円

回転式そうめん流し発祥の地。広々とした敷地にたくさんのそうめん流し器が設置されている。清涼なそうめん流しを一年中堪能することができ、県内外から多くの人が訪れる。

☎0993-32-2143 🏠指宿市開聞十町5967 🕐10〜15時(時期や天候などにより変動あり) 🈳無休 🚃JR開聞駅から車で10分 🅿470台 **MAP** P139B4

Check! そうめん流しに使われている水は「平成の名水百選」にも選ばれた京田湧水のもの。この名水がそうめん流しのおいしさを引き立てている。

鳥居から頭に釜の蓋をのせて参拝。拝殿まで蓋を落とさずに行けたら願いが叶うといわれる

お守り(左)800円、(右)500円

幻の怪獣・イッシーの正体は？
「巨大なコブのようなものが移動していた」というイッシーの目撃証言がある池田湖。実は2m級の巨大なオオウナギ（？）との説も。オオウナギは池田湖パラダイス（**MAP** P139B3）で見られます。

季節や天候に左右されずに花を観賞できる屋内庭園

④ フラワーパークかごしま
ふらわーぱーくかごしま

ビッグスケールの花の楽園

世界各国の植物が楽しめる植物公園。両サイドに壁のないウィンドスルーの屋内庭園や鹿児島湾を一望できる展望回廊などがあり、花だけでなく景色も楽しめる。季節ごとのイベントも人気。
☎0993-35-3333 住指宿市山川岡児ヶ水1611 ¥620円 ◆9～17時 休無休 交JR指宿駅から車で30分 P525台 **MAP** P139B4

鹿児島湾を一望できる展望回廊。歩き疲れたらちょっとひと息つこう

貝殻に願い事を書いて亀壺の中へ♡

⑤ 長崎鼻&龍宮神社
ながさきばな　りゅうぐうじんじゃ

伝説のパワースポットを参拝

薩摩半島の最南端に突き出た岬で、開聞岳や屋久島、竹島、硫黄島を望むことができる。また、浦島太郎伝説の発祥の地ともいわれていることから、敷地内には乙姫様を祀る龍宮神社があり、縁結び祈願に訪れる人も。
☎0993-22-2111(指宿市観光課) 住指宿市山川岡児ヶ水 ¥休散策自由 交JR山川駅から車で15分 P16台 **MAP** P139B4

朱色の鳥居や社殿が美しい龍宮神社

⑥ ヘルシーランド露天風呂 たまて箱温泉
へるしーらんどろてんぶろたまてばこおんせん

是が非でも立ち寄ってほしい 視界180度のパノラマ露天です

海と空との一体感を感じる絶景露天。湯船は和風と洋風があり、男女日替制。砂むし温泉と並ぶ南薩摩のイチオシ温泉スポットだ。
☎0993-35-3577 住指宿市山川福元3292 ¥510円 ◆9時30分～19時受付 休木曜（祝日の場合は翌日、正月、GW、8月は営業）交JR山川駅から車で15分 P70台 **MAP** P139C4

岬の突端からは海と白い灯台の眺めを楽しめる

和風露天風呂は奇数日は女性、偶数日は男性利用

池田湖パラダイス（☎0993-26-2211 **MAP** P139B3）では、イッシーにちなんだ“イッシー丼”1950円が名物です。

107

散策の途中、知覧茶でほっこり
薩摩の小京都・知覧を歩く

所要時間
約2時間

お茶の生産が全国第2位の鹿児島のなかでも、有数の茶どころがここ知覧。
風情ある町並みと日本茶って、とってもお似合いです。

知覧って
こんなところ

江戸時代の雰囲気を今に伝える
武家屋敷群や、手入れの行き届い
た庭園が美しく、薩摩の小京都と
も称される。一方、太平洋戦争末
期に、この地から多くの若者が特
攻隊員として飛び立っていったと
いう歴史もある町だ。

アクセス

🚌 鹿児島中央駅から鹿児島交通バス特攻観
音入口行きで1時間19分。途中、武家屋敷入口、
中郡に停車する
🚌 指宿スカイライン知覧ICから車で15分
問合せ 南九州市役所商工観光課
☎0993-83-2511 **MAP**P139A2

正面に見えるのが母ヶ岳（ははがたけ）。この山を借景に取り入れた庭園も多い

---

1 てぃあらんさつまえいこくかん
TEALAN薩摩英国館 （Start）

薩摩と英国の関係を紐解く館

幕末期の薩摩とイギリスとの
関わりをイギリス側の視点で
紹介する資料館。イギリスに
ちなみ、紅茶の世界が学べる
資料の展示、雑貨や紅茶の
販売も行っている。ティール
ームも併設されているので、散
策途中のひと息スポットに。

☎0993-83-3963 🏠南九州市
知覧町郡13746-4 ¥資料館350
円 ⏰11〜17時最終入館 休火・水曜
（祝日の場合は営業）🚏バス停武家
屋敷入口から徒歩すぐ P10台
MAPP109

1 赤い2階建てロンドンバスが目印
2 売店で紅茶やクッキーなども販売
3 資料館には、ティーカップや紅茶に
関する資料の展示もある

徒歩**1**分

2 ちらんぶけやしきていえんぐん
知覧武家
屋敷庭園群

江戸の面影を残す庭園

約700mにわたり武家屋敷
が続く通りは、そぞろ歩きに
ピッタリ。それぞれに趣向を
凝らした国指定文化財の7
つの庭園も必見（☞P110）。

紅茶好きなら要チェック！

**英国館オリジナル紅茶
「夢ふうき」40g 2484円**
2020年、英国グレート・テースト・
アワードで9回目の金賞を受賞し
た、夢ふうきファーストフラッシュ

特攻の母 トメさんって どんな人だったの？

富屋食堂に来る第二次大戦の戦地へ向かう特攻隊員たちを世話し、彼らの代わりに家族へ手紙を出したり、遺品を預かったり…と心細やかな母性の人。そんなトメさんのことを、隊員たちも「お母さん」と呼び、慕っていました。

徒歩すぐ

4 長吉屋知覧店
ちょうきちやちらんてん

知覧茶風味も並ぶ人気のさつま揚げ店

ごぼう天、さつまいも天（各120円）などの定番品のほか、知覧産茶葉を地場の魚のすり身に混ぜ込んだオリジナルのさつま揚げ・知覧茶天も人気。

☎0993-83-3868 🏠南九州市知覧町郡16773 🕐9時30分～16時30分 🈳水曜、ほか臨時休業あり 🚌バス停中郡からすぐ 🅿なし
MAPP109

■ホタル館富屋食堂の通りを挟んで向かいにある ■知覧茶天はプレーンのほかギフト用のチーズ入りも

徒歩1分

3 Cafe Cochi
かふぇ こち

古民家の和の空間で味わうこだわりの洋食メニュー

洋食専門のオーナーシェフが営む古民家レストラン。月替わりのCochi Set1550円をはじめ、パスタ1350円やカレーなど5種類のセットメニューを用意している。卵や野菜、茶美豚など、知覧産の食材にこだわった自慢の洋食メニューを楽しもう。

☎0993-76-8255 🏠南九州市知覧町郡93 🕐11時～19時30分（夜は要予約）🈳不定休 🚌バス停中郡から徒歩2分 🅿40台（周辺無料駐車場利用）
MAPP109

徒歩13分

■Cochiカレーセット1150円。+150円でデザートも付けられる ■築100年ほどの古民家を利用。畳の座敷席とフローリングのテーブル席がある

5 ホタル館富屋食堂
ほたるかんとみやしょくどう **Goal**

じっくりと見学したいスポット

軍の指定食堂だった「富屋食堂」を、トメさんの証言どおりに、外観から柱の太さまで再現した資料館。館内には、特攻隊員が出撃前にトメさんの元に置いていった手紙や遺品が展示されている。

☎0993-58-7566 🏠南九州市知覧町郡103-1 🈯500円 🕐10～17時 🈳無休 🚌バス停中郡からすぐ 🅿40台（周辺無料駐車場利用）
MAPP109

■特攻隊員の遺品や手紙を展示 ■看板や柱の寸法まで当時のままに再現されている

知覧特攻平和会館
ちらんとっこうへいわかいかん **ひと足延ばせば**

平和の尊さを心から理解しよう

この地から沖縄戦に飛び立ち、若い命を散らせた特攻隊員たちの貴重な資料を展示。

☎0993-83-2525 🏠南九州市知覧町郡17881 🈯500円 🕐9～17時（入館は～16時30分）🈳無休 🚌バス停特攻観音入口から徒歩5分 🅿500台 **MAP**P139A2

知覧

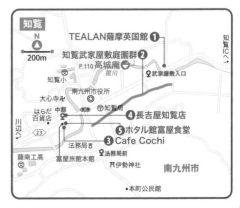

N 200m

① TEALAN薩摩英国館
② 知覧武家屋敷庭園群 P.110 高城庵
武家屋敷入口
知覧小
大心寺
南九州市役所
はらだ百貨店
中郡 知覧局
川辺
④ 長吉屋知覧店
⑤ ホタル館富屋食堂
③ Cafe Cochi
法務局
法務局前
薩南工高
富屋旅館本館
伊勢神社
本町公民館
南九州市
知覧ICへ→

国の名勝にも指定される文化財
7つの知覧武家屋敷庭園を見学

薩摩らしい質実剛健なたたずまいの武家屋敷の風情と
それぞれに趣向を凝らした庭園美を、じっくり堪能しましょう。

> 所要時間
> **約1時間**

知覧武家屋敷庭園群 ってこんなところ

江戸中期の知覧城主・島津久峯の時代に形成されたもので、現在も約700mの通りの両脇に、当時の風情を今に伝える武家屋敷が立ち並んでいる。町の北東部に位置する母ヶ岳が、武家屋敷群一帯の借景として取り入れられているのも特徴。この美しい町並みは、昭和56年(1981)に国の重要伝統的建造物群保存地区の選定も受けている。7つの屋敷では庭園を一般公開している。池泉鑑賞式庭園の森重堅邸庭園以外は枯山水式庭園だが、それぞれ意匠や手法が異なり、見ごたえ十分。

☎0993-58-7878 🏠南九州市知覧町郡 ¥7つの庭園共通で530円 🕘9～17時 🕙無休 🚌バス停武家屋敷入口からすぐ 🅿周辺駐車場利用 MAP P139A2

枯山水式庭園

① さいごうけいいちろうていていえん
西郷恵一郎邸庭園

南東の隅に枯滝の石組みを設け高峰とし、これに続くイヌマキが遠くの連山を表現している。高い石組みが鶴、低い石組みが亀に見えることから、鶴亀の庭園ともよばれる。

薩摩独特の外城制度とは？

江戸時代の薩摩藩では、領主館を囲むように家臣が居を構え、「麓」という集落を形成し、外敵に備えていた。これが「人をもって城と成す」という外城制度。県内に102カ所もあったという。

庭園形式の違い

枯山水式庭園

禅宗寺院から生まれた庭園様式。水の代わりに庭に敷きつめた白砂に波紋を描き、水の流れを表現したり、石組で自然の風景を表現する。知覧7庭園では、6つが枯山水式。

池泉鑑賞式庭園

山水の風景を、池や岩を用いて表現する庭園様式で、庭に下りることなく室内から見て楽しめるように築庭されている。知覧では森重堅邸のみが池泉鑑賞式で造られている。

たきあん
髙城庵

ランチは武家屋敷で

武家屋敷のたたずまいをそのままの形で利用した食事処。庭を眺めながら、ゆっくりと薩摩料理を楽しもう。

☎0993-83-3186 🏠南九州市知覧町郡6329 🕘11～15時 🕙1月9日 🚌バス停武家屋敷入口から徒歩3分 🅿周辺有料駐車場利用 MAP P111

薩摩料理が味わえる髙城庵セット2350円

知覧だけじゃない
鹿児島の
武家屋敷群

「人をもって城と成す」という薩摩独特の外城制度のもと、築かれた武家屋敷群。県北に位置する出水（MAP折込表C1）や姶良市の蒲生（写真）（MAP折込表D3）など、今でも当時の名残をとどめる武家屋敷群が県内各地に残っています。

`枯山水式庭園`

❷ 平山克己邸庭園
ひらやまかつみていていえん

イヌマキの生垣が、背後の母ヶ岳と連なる優美な造り。どこから見ても調和が保たれた美しい借景庭園。

`枯山水式庭園`

❸ 平山亮一邸庭園
ひらやまりょういちていていえん

前面にサツキ、背後にイヌマキの生垣を配し、さらに母ヶ岳を借景に取り入れている。石組みを設けていないのも特徴。

`枯山水式庭園`

❹ 佐多美舟邸庭園
さたみふねていていえん

築山の上部に石灯、下部に巨岩の石組みを設けている。446㎡と、庭園のなかでも最も豪華で広い。

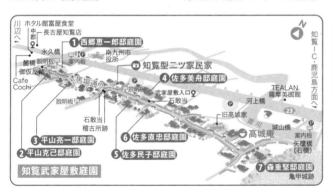

川辺へ／中部へ
ホタル館富屋食堂
長吉屋知覧店
永久橋
麓橋　説明板
御仮屋馬場
Cafe Cochi
本馬場通り
案内板
南九州市役所
❶ 西郷恵一郎邸庭園
知覧型二ツ家民家
❹ 佐多美舟邸庭園
武家屋敷入口
石敢当
説明板
説明板
石敢当
稽古所跡
❸ 平山亮一邸庭園
❷ 平山克己邸庭園
`知覧武家屋敷庭園`
❻ 佐多直忠邸庭園
❺ 佐多民子邸庭園
旧髙城家
TEALAN 薩摩英国館
河上橋
城山橋
髙城庵
案内板
矢櫃橋（石橋）
知覧IC・鹿児島方面へ
❼ 森重堅邸庭園
亀甲城跡

`枯山水式庭園`

❻ 佐多直忠邸庭園
さたなおただていていえん

母ヶ岳を借景に中心部に立石、下部には多数の石組みを配し枯滝としている。梅とイヌマキの古木の配置も趣深い。

`池泉鑑賞式庭園`

❼ 森重堅邸庭園
もりしげみつていていえん

7つ庭園のうち唯一の池泉鑑賞式庭園。細長い池に奇岩を配し、サツキの刈り込みの曲線が美しい。

`枯山水式庭園`

❺ 佐多民子邸庭園
さたたみこていていえん

巨石や奇岩を積み重ねて構成。書院から石橋に渡る飛び石などが、他の庭園に見られない手法。

ちらんがたふたつやみんか
知覧型二ツ家民家

居住用の「オモテ」と台所・土間の「ナカエ」を小さな棟でつないだ、分棟式民家。これは移築、復元したもので、武家屋敷群のほぼ中央にある旧髙城家も同じ造りなのでチェックしてみて。

縁側に腰掛けてひと息つこう

郷土菓子と知覧茶のセット300円

極上ステイを楽しめる 指宿の温泉宿

指宿の温泉の魅力は砂むしだけじゃありません。
スペシャル感のある極上ステイを楽しめる宿をご案内します。

指宿
いぶすきはくすいかん
指宿白水館

大スケールの元禄風呂で ゴージャスな湯浴み三昧

見事な松林と調和するように敷かれた芝のじゅうたん、緑の中に四季の彩りを添える花々。和情緒あふれる広大な日本庭園を有するのが、5万坪という敷地をもつ老舗宿。宿の最大の魅力は、約1000坪の絢爛豪華な元禄風呂で、江戸時代の蒸し風呂から樽風呂、柘榴風呂などが揃い、まるで温泉アミューズメントのよう。ストーンエステ（岩盤浴）や砂むしはぜひ体験したい。また、200種類以上の鹿児島の焼酎が展示され、試飲することもできる焼酎道場、和菓子、原酒などオリジナル商品を扱う売店なども充実。

☎0993-22-3131 🅑指宿市東方12126-12
🚉JR指宿駅から車で7分 ●送迎なし 🅿200台 ●鉄筋7階建、鉄筋3階建 ●全195室 ●泉質ナトリウム塩化物泉 ●風呂5内湯4 露天2
🅜P139C3

····· 料 金（1泊2食付） ·····
✛平 日 2万3250円〜
✛休前日 2万4350円〜
🕐IN 15時 OUT 10時

✳Note
薩摩の歴史と文化をテーマにしたギャラリー薩摩伝承館を併設。館内にはイタリアンレストランがあり、ランチやディナーを楽しめます。

＼元禄風呂／
くつろぎプラン

① まずはお部屋からの眺望を楽しむ

② 趣向を凝らした圧巻の大浴場！

③ 南国ムード満点の露天風呂にも入ろう

④ 入浴後には、よく冷えた芋焼酎を

1紺碧の錦江湾へと続く緑の松林を散策するのも楽しい **2**豊かな土壌と海の恵みを受けた食材が並ぶ夕食 **3**砂むしは宿泊者は1100円（6時〜8時30分、15時30分〜22時）、日帰り利用は4400円（15時30分〜18時）

指宿

おんせんすいぷーるあんどふうふろてんぶろ
のはなれやど ゆりあん

温泉水プール&夫婦露天風呂の離れ宿 悠離庵

山里でリゾート気分に浸れる とっておきの隠れ宿

アジアンヴィラと和の風情が溶け合った、離れスタイルの宿。フロントのある母屋を抜けて山里に点在する16棟の離れに足を踏み入れると、リゾート地の別荘のようなモダンな空間が広がる。全客室に露天風呂が備わり、うち13棟には一年中使える温泉水プールも。

☎0993-22-2217（ふじリゾート予約センター）
🏠指宿市十二町6771-6 🚃JR指宿駅から車で13分 ●送迎なし Ｐ17台 ●1階建離れ17棟 ●泉質:ナトリウム塩化物泉 ●風呂:客室内湯10 客室露天16 **MAP**P139C3

1プライベートプールを満たしているのは温泉水だから、オールシーズン楽しめる **2**自然に囲まれた開放的なリビングで安らぎの時間を **3**かけ流しの露天風呂を24時間独占して楽しめる（**1**|**2**|**3**ともに一例）

❀Note
夕食は黒豚や黒牛などの地元食材を使用した創作コース料理を個室の食事処でゆっくりと堪能できる。

‥‥‥ 料 金（1泊2食付）‥‥‥
⊹ 平　日　3万800円～
⊹ 休前日　3万4250円～
🕐 IN 14時 OUT 11時

指宿

いぶすきしゅうすいえん

いぶすき秀水園

日本一の誉れ高い料理と 和のもてなしに癒やされる

和装の女性が「お帰りなさい」と三つ指をついて出迎えてくれるこの宿には、数寄屋造りの建物、白木の格子戸、枯山水の庭園と、随所に品格のある和の雰囲気が漂う。料理宿としての評価も高く、旅行新聞社主催の「プロが選ぶ日本のホテル・旅館100選」の料理部門で2022年も1位、実に39年連続1位の輝かしい実績をもつ。

☎0993-23-4141 🏠指宿市湯の浜5-27-27 🚃JR指宿駅から車で5分 ●指宿駅から送迎あり Ｐ50台 ●鉄筋5階建 ●全46室 ●泉質:ナトリウム塩化物泉 ●風呂:内湯2 露天2 貸切2 **MAP**P139C1

1バリアフリーのリビングを備えた貸切湯で贅沢な湯浴みを。写真は和風の「檜の湯」 **2**足砂湯もある **3**鹿児島の山海の幸をふんだんに使用した秀水会席

❀Note
専用リビング付きの貸切湯浴み処は和風「檜の湯」と洋風「碧の湯」があり、60分3500円で利用できます。※日帰りで貸切風呂のみの利用は不可

‥‥‥ 料 金（1泊2食付）‥‥‥
⊹ 平　日　2万5450円～
⊹ 休前日　2万8750円～
🕐 IN 14時 OUT 10時30分

指宿の宿

その昔、湯豊宿（ゆぶしゅく）とも
よばれていたほどに
湯宿が豊富な指宿。
砂むしとあわせて
湯浴みを楽しみましょう。

指宿
いぶすきふぇにっくすほてる
指宿フェニックスホテル

砂むしと黒会席でリフレッシュ
熱帯植物に囲まれた南国ムード満点の雰囲気のなかで、露天や砂むしなど、多彩なスパを体験できる。黒豚豚骨、黒豚しゃぶしゃぶなど、鹿児島ならではの黒食材にこだわった黒会席プランも好評。**DATA**☎0993-23-4111 ⌂指宿市十二町4320 ⊗JR指宿駅から車で5分 ●指宿駅まで送迎あり Ⓟ100台 ￥1泊2食付1万3850円～、休前日1万6050円 ◐IN16時 OUT10時 ●鉄筋2階建 ●全144室（和136・洋8）●泉質：塩化物泉 ●風呂：内湯2 露天2 **MAP**P139C2

指宿
ふうふろてんぶろのやど ぎんしょう
夫婦露天風呂の宿 吟松

夫婦やカップルにおすすめ
9階にあるインフィニティ露天「天空野天風呂」や雲上貸切露天風呂、客室露天などで湯三昧が楽しめる。食卓の中央から温泉が湧き出る、「温泉卓」で砂むし会席を味わえる。**DATA**☎0993-22-2217（ふじリゾート予約センター）⌂指宿市湯の浜5海辺の天然砂むし温泉隣 ⊗JR指宿駅から車で4分 Ⓟ50台 ￥1泊2食付1万7200円～、休前日1万9400円～ ◐IN15時 OUT10時30分 ●全77室（和42・和洋28、洋7）●泉質：ナトリウム塩化物泉 ●風呂：内湯2 露天7 **MAP**P139C1

指宿
いぶすきこころのやど
指宿こころの宿

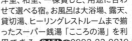

併設のスーパー銭湯をフルに活用
洋室、和室、一棟貸しと、用途に合わせて選べる宿。お風呂は大浴場、露天、貸切湯、ヒーリングレストルームまで揃ったスーパー銭湯「こころの湯」を利用できる。**DATA**☎0993-23-0810 ⌂指宿市東方9227-6 ⊗JR指宿駅から車で7分 Ⓟ150台 ￥1泊2食付1万950円～、休前日は要問合せ ◐IN15時 OUT10時 ●鉄筋6階建 ●全82室+1棟（和洋2・和ツイン20・和6・洋53）●泉質：塩化物泉 ●風呂：内湯2 露天2 **MAP**P139C3

指宿
りょかんつきみそう
旅館月見荘

砂むし会館前にある小さなくつろぎ宿
全7室の小さな宿で、家庭的なもてなしと郷土の味覚をふんだんに揃えた会席料理がウリ。砂むし会館至楽の目の前と立地もいい。砂むし後は、自慢の岩風呂でかけ流しの温泉を楽しもう。**DATA**☎0993-22-4221 ⌂指宿市湯の浜5-24-8 ⊗JR指宿駅から車で4分 Ⓟ12台 ￥1泊2食付1万6650円、休前日も同じ ◐IN15時 OUT10時 ●鉄骨2階建 ●全7室（和7）●泉質：ナトリウム塩化物泉 ●風呂：内湯2 露天2 **MAP**P139C1

指宿
べってい あまふるおか
別邸 天降る丘

極上のおもてなしが自慢のスイート
標高330mの広大な森の中で最高級の料理とスパを楽しめるハイクラスホテル。鹿児島の美味を堪能する薩摩フレンチとレアな食材にフォーカスした鉄板焼の2種類を提供。**DATA**☎0993-26-3322 ⌂指宿市東方5000 ⊗JR指宿駅から車で20分 Ⓟ200台 ￥1泊2食付3万3800円～、休前日3万6300円～ ◐IN15時 OUT11時 ●鉄筋地下2階、地上4階建 ●全16室（和洋6・洋10）●泉質：ナトリウムカルシウム塩化物泉 ●風呂：内湯4 家族湯2 貸切露天5 **MAP**P139C3

指宿
いぶすきろいやるほてる
指宿ロイヤルホテル

女子旅・家族旅・夫婦旅プランも豊富
青い海を背景に立つ白亜のホテルで、眺望のよさも自慢。食事・温泉など日常を離れてゆったりとした時間を過ごせるプランは2名1室で2万1820円～。黒豚しゃぶしゃぶの付いたお膳が人気。**DATA**☎0993-23-2211 ⌂指宿市十二町4232-1 ⊗JR指宿駅から車で6分 Ⓟ12台 ￥1泊2食付2万1820円～、休前日2万4020円～ ◐IN15時 OUT10時 ●鉄筋7階建 ●全68室（和13・洋36・和洋19）●泉質：塩化物泉 ●風呂：内湯2 露天2 **MAP**P139C2

指宿
いぶすきおんせんこらんのゆきんこうろう
指宿温泉こらんの湯錦江楼

名泉と雰囲気にこだわる和モダン宿
"こらんの湯"とよばれる温泉は、地元でも評判の伝統ある泉源。天然の保湿成分を多く含み、天然化粧ంౢとも称される。泉質のよさだけでなく眺望、雰囲気、料理までこだわった穴場の宿。**DATA**☎0993-22-3377 ⌂指宿市西方4507 ⊗JR指宿駅から送迎あり ⊗JR宮ケ浜駅から車で12分 Ⓟ70台 ￥1泊2食付1万6000円～、休前日1万9000円～ ◐IN15時 OUT10時 ●鉄筋5階建 ●全33室（和30・洋3）●泉質：ナトリウム塩化物泉 ●風呂：内湯2 露天2 **MAP**P139C3

源泉かけ流し 部屋食 エステあり 禁煙ルームあり 大浴場あり ひとり宿泊OK

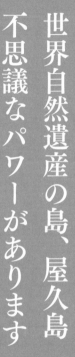

世界自然遺産の島、屋久島 不思議なパワーがあります

しっとり苔むす原生林を歩くには
朝から早起きして、心と体を整えることが大事です。
いつもの朝とは違うリズムで
屋久杉のパワーを浴びに出かけましょう。

屋久島って こんなところ

原生林の森や見事な山岳美が印象的な
一度は訪れたい世界自然遺産の島です。

観光のみどころは 8つです

鹿児島から南へ約65㎞、太平洋に浮かぶ、
周囲132㎞の円形の島。島の中央には九州
の最高峰・標高1936mの宮之浦岳がそび
え立つ。観光のメインは縄文杉、白谷雲水峡、
ヤクスギランドなどを歩くハイキング。尾之間
や平内には野趣満点の温泉がある。島の玄
関口は高速船が発着する、宮之浦と安房。
空港へも近く、食事処や宿も多い。

屋久島エリアの観光情報は ここでゲット！

島内に観光案内所は3カ所。山の情報を知りた
いなら、安房案内所へ問い合せるといい。

問合せ 屋久島観光協会事務局(安房案内所)
☎0997-46-2333
問合せ 屋久島観光協会空港前案内所 ☎0997-49-4010
問合せ 屋久島観光協会宮之浦案内所 ☎0997-42-1019

屋久島アクセスMAP

```
永田                    鹿児島タウン
    車
    30分         高速船(直行)    飛行機
宮之浦          1時間50分      40分
    │                屋久島空港
    車30分   車18分
白谷雲水峡              車13分
           車8分      安房
       屋久杉自然館          高速船
                        2時間30分
       登山バス35分
荒川登山口                    車20分
                        尾之間
大川の滝    車25分  平内・湯泊    車
                            15分
```

永田　ながた　1

世界有数のアカウミガメの産卵地として知
られています。産卵の時期(5〜7月)には観
察会もあるので参加してみては。

大川の滝　おおこのたき　2

・・・P124

岩肌をつたって落ちる水流がダイナミックな、島内
最大級の滝。「日本の滝百選」にも選ばれています。

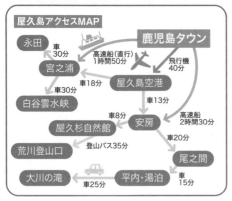

平内・湯泊　ひらうち・ゆどまり　3

・・・P125

南に位置するため、島
のなかで最も南国らし
いエリア。平内海中温泉
や湯泊温泉など海沿い
の野天風呂も人気です。

ここをチェック

珈琲 シーサーシーサー
☞P125
平内海中温泉 ☞P125

みやのうら
宮之浦　④

フェリーや高速船の発着港があり、島で一番大きな集落。屋久島グルメが味わえる飲食店もたくさんあります。

ここをチェック
屋久島環境文化村センター ☞P124
屋久島観光センター・やくしま市場 ☞P125

あんぼう
安房　⑤

縄文杉登山、九州最高峰・宮之浦岳登山が目的ならば、このエリアにチェックインするのがおすすめ。

ここをチェック
散歩亭 ☞P123
屋久杉自然館 ☞P124
うどんや 屋久どん ☞P125

しらたにうんすいきょう
白谷雲水峡　⑥

・・・P120

巨木や岩をビロードのような苔が覆う森の光景は、まるで絵画のような美しさ。自然の息吹をたっぷり体感しましょう。

屋久島

（屋久島町営フェリー）
口永良部島へ

（折田汽船）
鹿児島へ
（種子屋久高速船）
鹿児島へ

（種子屋久高速船）
種子島・鹿児島へ

（屋久島町営フェリー）
種子島へ

④ 宮之浦

宮之浦港
フェリーターミナル
宮之浦港

一湊港

鹿児島県
屋久島町

⑦ 縄文杉 →

⑥ 白谷雲水峡

屋久島空港
楠川温泉
町営牧場
荒川登山口
荒川ダム

594
77
592

種子島・屋久島・鹿児島高速船
鹿児島へ

安房港

永田 ①

屋久島灯台
横河渓谷

宮之浦岳

西部林道

② 大川の滝
ヤクスギランド・
屋久杉自然館

安房 ⑤

78

③ 平内・湯泊

千尋の滝
梢回廊キャノッピ

太平洋

0　5km
N
湯泊温泉 ♨

77

⑧ 尾之間

じょうもんすぎ
縄文杉　⑦

・・・P118

推定樹齢7200年ともいわれる縄文杉。その堂々と立つ姿は神々しさを感じるほど。ぜひ一度は見ておきたい屋久島の宝です。

おのあいだ
尾之間　⑧

尾之間三山(モッチョム岳・耳岳・割石岳)の麓に広がる集落。温暖な気候を生かし、ポンカンやタンカンなど、果実栽培が盛んです。

ここをチェック
梢回廊キャノッピ
☞P124
尾之間温泉 ☞P125

悠久の自然に囲まれた
巨大な縄文杉へトレッキング

| 難易度 |
| 中級者向き |
| 歩行距離 |
| 約22km |
| 所要時間 |
| 約10時間 |

屋久島の奥の院で自然の営みを見守ってきた縄文杉。
その神々しいまでの姿を見るために、10時間の往復トレッキングへ。

縄文杉コースアドバイス

日没までの下山が目標なので、遅くとも朝6時には荒川登山口を出発したい。出発してしばらくはゆるやかな上り坂のトロッコ軌道だが、大株歩道入口から本格的な山登りがスタート。それなりに体力があれば誰でもトライできるが、しっかりした登山の装備で行こう。

水・トイレ事情

小杉谷山荘跡やトロッコ軌道の終点大株歩道入口に水場があるが、1ℓ程度の水を持参しよう。トイレは登山口以外では小杉谷山荘跡近くと大株歩道入口にある。大王杉の近くなど全部で4カ所に携帯トイレブースも設置されている。

アクセス事情

宮之浦港方面、尾之間方面から計3便が早朝出発する。屋久島交通バス、まつばんだ交通バスで約35～45分、または車で屋久杉自然館前まで行き、荒川登山バスに乗り換え終点へ。登山バスは1日4～6便（月により増減あり）、往復2400円（山岳部環境保全協力金1000円含む）、約35分で登山口に到着する。

総合せ屋久島観光協会事務局（安房案内所）☎0997-46-2333 屋久島山岳部環境保全協力金（1000円） 荒川登山バス下山最終便は17時45分発。乗り遅れないよう下山しよう 荒天時
MAP P140C2～C3 ※登山バスは12～2月運休

あらかわとざんぐち
荒川登山口 **Start**

約10時間の長丁場を乗り切るためには、スタート地点での準備運動は欠かせない。登山届けがまだならここで提出を。

とろっこきどう
トロッコ軌道

大正12年（1923）から使われているトロッコ軌道を約8km、ひたすら歩く。道程は長いので自然を楽しみながら進もう。

こすぎだにさんそうあと
小杉谷山荘跡

周囲に背の高い木が並ぶ日当たりのいい広場。バイオトイレや水場があるので、ここで小休止するのもいい。

おおすぎばし／おおすぎ
大杉橋／大杉

欄干のない橋（大杉橋）のたもとに立つ屋久杉。コースで最初に出合うのがこの屋久杉で「大杉」とよばれている。

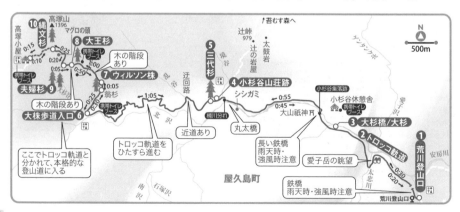

⑤

さんだいすぎ
三代杉

その名のとおり初代、2代の株の上に
成長した3代目の屋久杉。

⑥

おおかぶほどういりぐち
大株歩道入口

この先は
上級コース

ここから本格的な登山道がスタート
する。トイレや水汲み場もあるので、
しばし休憩して、難所に挑もう。

だいおうすぎ
大王杉

根元には江戸時代に試し切りされた
跡があるのでチェックしてみて。樹齢
3000年以上！

⑧

高さ：38.4m
幹周り：4.4m

ういるそんかぶ
ウィルソン株

⑦

高さ：約5m
切株の周囲：約13.8m

切株の中は空洞になっていて、10畳
ほどの広さ。中から上を見上げるとハ
ートが見える。足に自信がない人は、
ここで引き返しても。

高さ：24.7m
幹周り：11.1m

【妻】高さ：25.5m
幹周り：5.8m
【夫】高さ：22.9m
幹周り：10.9m

めおとすぎ
夫婦杉

⑨

地上から約10mのところで2本の杉
が手をつなぐように融合している。右
が夫、左が妻とのこと。

じょうもんすぎ
縄文杉 **Goal**

悠然と立つ
森の王者

⑩

高さ：25.3m
幹周り：16.4m

太古の時代から森の自然を見守って
きた縄文杉とついにご対面。その存
在感に圧倒される。

屋久島

巨大な縄文杉へトレッキング

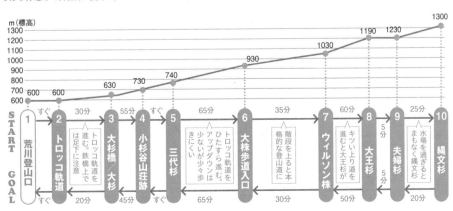

林芙美子が『浮雲(うきぐも)』で「屋久島では1カ月に35日雨が降る」と書くほど、雨の多い島。雨具は必携です。

119

神秘の森・白谷雲水峡。
そこには想像どおりの世界が

難易度
初心者向き
歩行距離
約4.2km
所要時間
約2時間

精霊がひょっこり顔を出すのでは…、そう思わせる世界が広がる白谷雲水峡。
清冽な川の流れと苔むす森が、神秘の世界へと誘ってくれます。

白谷雲水峡アドバイス

最初は、巨大な花崗岩や清流を眺めながらの歩行だが、楠川歩道を過ぎたあたりから苔の森、そして屋久杉の巨木が登場し始める。目指す「苔むす森」までは約1時間30分ほど。散策するには登山届の提出を。屋久島町役場や屋久島観光協会、各登山口などで提出できる。初心者向けのコースとはいえ、必ずトレッキングシューズを着用しよう。

水・トイレ事情

水場は白谷小屋に1カ所のみなので必ず持参しよう。トイレは出発地点の白谷広場に1カ所、くぐり杉の先にある白谷小屋には水場のほかトイレと携帯トイレブースがある。

アクセス事情

宮之浦港方面から屋久島交通バス、まつばんだ交通バス白谷雲水峡行き利用で30〜35分、1日7便（12〜2月はバス会社へ要問合せ）、宮之浦港から片道560円。車でなら白谷広場まで約30分だが、駐車場が狭いのでレンタカーよりもバスの利用が無難。

📞問合せ 屋久島レクリエーションの森保護管理協議会☎0997-42-3508／白谷雲水峡管理棟☎090-5384-6261 ¥森林環境整備推進協力金500円 🕐規定はないが日没までに下山を（係員がいるのは8時30分〜16時30分）🈺荒天時 ℗50台 MAP P140C2

屋久島を代表するスポットです

① しらたにひろば 白谷広場　Start

白谷雲水峡の起点となる場所。アップダウンの激しい場所もあるので、ここでしっかりストレッチをしておこう。

④ くすがわほどう 楠川歩道

石が敷き詰められた森の中の小道。江戸時代に薩摩藩が杉を搬出するために整備した古道だ。

⑤ さんさろ 三叉路

標識を見逃さないで

楠川歩道の終点。右へ曲がると奉行杉コースなので、標識をよく見て左手、白谷小屋方面へ進もう。

② ひりゅうおとし 飛流おとし

屋久島を形成する花崗岩の岩肌を豪快に流れ落ちる、落差約50mの滝。滝と並行して遊歩道も設置。

③ さつきつりばし さつき吊橋

6月はサツキの名所

ここまでは舗装された道で、この先からいよいよ山道となる。橋を渡って楠川歩道へ向かおう。

⑥ くぐりすぎ くぐり杉

根元がまるで入口のようにぱっかりと空いている。倒木をまたぐように根が張り、その後倒木が腐ってなくなったため、こんな姿になった。

高さ：22m
幹周り：約3.1m

◆ こけむすもり
苔むす森 **Goal**
緑の森って
ステキね

約700種類もの苔がやさしく森を包んでいる光景に、神聖なものを感じるはず。有名アニメ映画の舞台になったともいわれる。

◆ ななほんすぎ
七本杉

名前のとおり上部から7本の枝が出ている。深い森で日照を得るために力強く枝を伸ばす屋久杉ならではの姿。

| 高さ：18m |
| 幹周り：約8.3m |

もっと屋久杉が見たいなら

三叉路から奉行杉、三本槍杉、三本足杉、二代杉などユニークな屋久杉に出会えるコースへ進むのもいい。体力があれば、さつき吊橋から約30分のところにある巨木・弥生杉へ行ってみよう。

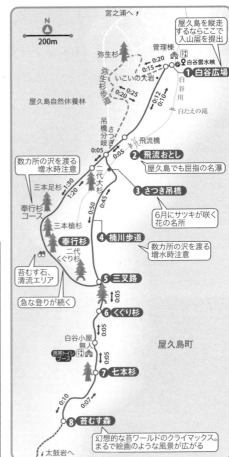

宮之浦へ ↑

N
200m

屋久島自然休養林

屋久島を縦走するならここで入山届を提出

管理棟
弥生杉 ● 🚻🅿 白谷雲水峡
いこいの大岩 **①白谷広場**
0:20
0:15
弥生杉歩道 0:20 0:25 0:12 白谷川
0:10 白たえの滝

吊橋さつき分岐 飛流橋
0:05 0:05
②飛流おとし
屋久島でも屈指の名瀑

二代大杉 **③さつき吊橋**
三本足杉 1:30
奉行杉コース 1:20 0:50 0:45 6月にサツキが咲く花の名所
三本槍杉 **④楠川歩道**
奉行杉 数カ所の沢を渡る増水時注意

苔むす石、清流エリア 二代くぐり杉
👀 **⑤三叉路**
急な登りが続く 0:05

数カ所の沢を渡る増水時注意

⑥くぐり杉
0:05
白谷小屋
無人 屋久島町
📱携帯トイレブース 🚻🅿 0:05
⑦七本杉
0:10 0:07
⑧苔むす森
幻想的な苔ワールドのクライマックス。まるで絵画のような風景が広がる

← 太鼓岩へ

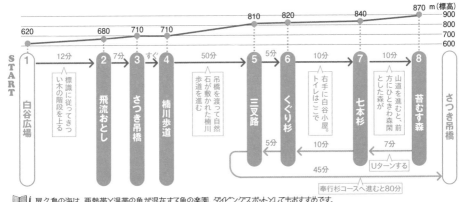

						810	820	840	870 m（標高）

標高グラフ
620 / 680 / 710 / 710 / 810 / 820 / 840 / 870 m（標高）
900 / 800 / 700 / 600

START
1 白谷広場 — 12分 → **2** 飛流おとし — 7分 → **3** さつき吊橋 — すぐ → **4** 楠川歩道 — 50分 → **5** 三叉路 — 5分 → **6** くぐり杉 — 10分 → **7** 七本杉 — 10分 → **8** 苔むす森 — さつき吊橋

1 標識に従ってきつい木の階段を上る
4 吊橋を渡り自然石が敷かれた楠川歩道を進む
6 右手に白谷小屋。トイレはここで
8 山道を進むと、前方にひときわ森閑とした森が

5→**6** 5分
6→**7** 10分
7→**8** 7分 Uターンする
45分
奉行杉コースへ進むと80分

📖 屋久島の海は、亜熱帯と温帯の魚が混在する魚の楽園。ダイビングスポットとしてもおすすめです。

流れる時間もゆるやかに感じられる
屋久島で至福のカフェタイム

屋久島では時間の流れもゆるやかに感じられるから不思議です。
ほっこり和めるカフェでなら、もっとゆるやかな時間を過ごせそう。

小瀬田

きっさ じゅりん
喫茶 樹林

森の中でくつろぐような時間を

県道から少し入るだけで森の中の雰囲気を感じられるウッディなカフェ。屋久島に関する書籍も多数揃っているので、屋久島の魅力を再発見できるかも。屋久島のフルーツで作ったジュースやスイーツ、人気のオーロラカレーなど、軽食類も充実している。

☎0997-43-5454 住屋久島町小瀬田826-31 ⏰10～15時 休木・日曜 交屋久島空港から徒歩7分 P8台 MAP P141D2

オススメはコレ

じっくり煮込んで作るオーロラカレーは、サラダ付きで860円

屋久杉やツガの木のテーブルなどを配した、ぬくもりある店内

テラスでは、青い空や海も近くに感じられそう

安房川河口近くのカフェ。開放的なテラス席あり

オススメはコレ

キャラメルプリンパフェ730円、ほろ苦いソースが絶妙

安房

すまいりー
Smiley

自然と笑顔になれるほんわかカフェ

季節感あふれる手作りケーキ、パフェ、島の果物を使うドリンク、シェイクなどが人気。国産小麦、全粒粉、きび砂糖、自然塩を使ってひとつひとつ焼き上げる自家製イングリッシュマフィンサンド520円～もおすすめ。

☎0997-46-2853 住屋久島町安房122-1 ⏰11～17時（変動の可能性あり） 休月・火曜 交安房港から車で3分 P8台 MAP P141F3

屋久島のカフェで苔玉作り体験してみませんか

屋久島は世界有数の苔の宝庫。「Cafeどうぶつ」では、おいしいコーヒーをいただきながら苔玉作り体験ができます。所要30分で1個1500円〜（コーヒー付き、要予約）。☎0997-49-3480、090-8768-9159 **MAP**P140C4

安房

わさび

和茶灯

食事でもカフェとしても

安房港にほど近い、ロケーションが抜群のギャラリーカフェ。チーズ、チョコレート、きなこロールとケーキが選べるケーキセットや、トビウオのさつま揚げやトコブシなどが付く人気の地物定食1500円などがいただける。

☎0997-46-2390
住屋久島町安房111-3
⏰11〜21時 休日・月曜
交安房港から車で3分
P5台 **MAP**P141F3

ウッディな造りで開放感のある店内。陶器などの販売スペースもある

オススメはコレ
ケーキセット650円のケーキのひとつ、きなこのロールケーキ

志戸子

かふぇきーな

カフェkiina

ほっこり和める古民家カフェ

古民家をオーナー自ら2年がかりでリノベーションしたカフェで、キッシュや、自家製ケーキやパフェが味わえる。小上がりの座敷では島内作家の写真やハンドメイドの小物、アクセサリーの販売も。

☎080-8576-4830
住屋久島町志戸子181-97 ⏰11〜16時 休日〜火曜、ほか不定休あり 交宮之浦港から車で15分
P6台 **MAP**P140B1

志戸子ガジュマル公園（**MAP**P140B1）駐車場に目印の看板アリ

オススメはコレ
トビウオ100%のすり身で作ったつけ揚げを挟んだホットサンド950円

安房

さんぽてい

散歩亭

創業40年以上の老舗カフェ

安房川沿いのカフェバーは、昼はカフェ、夜はダイニングバーとして利用できる。屋久島近海白身魚のカルパッチョ800円〜や自家製黒豚みそ480円など、フード類も人気。

☎0997-46-2905 住屋久島町安房2364-17 ⏰17時30分〜23時LO 休日曜 交安房港から車で2分 P6台 **MAP**P141F4

オススメはコレ
屋久鹿の和風バルサミコソテー1600円は観光客に人気の一品

大きくとられた窓から安房川を望める、ウッディでオシャレなお店

屋久島の新たな特産品として注目の屋久鹿肉。散歩亭（☞P123）や焼肉れんが屋（☞P125）など複数の店で提供中です。

ココにも行きたい

屋久島のおすすめスポット

📷 ヤクスギランド
やくすぎらんど

屋久杉の森の中を散策

屋久島といえば推定樹齢1000年を超える屋久杉が有名。標高1000～1300mの高地に広がる森の中には多数の屋久杉が点在している。比較的手軽に屋久杉を見ることができる5つのハイキングコースが設定されている。**DATA**☎0997-46-4015(ヤクスギランド管理棟) 🏠屋久島町 ⏰日没までに要下山(係員がいるのは8時30分～16時30分) 💴森林環境整備推進協力金500円 🈂荒天時 🚗安房港から車で40分 🅿40台 **MAP**P140C3

すべてのコースのゴール近くにある「くぐり杉」

川のせせらぎや澄んだ空気を感じながら歩けば気持ちもリフレッシュ。ハイキングコースは30・50・80・150・210分の5コース。体力に合わせてコースを選ぼう

🎵 梢回廊キャノッピ
こずえかいろうきゃのっぴ

森をたっぷり楽しむアクティビティ

照葉樹に架かった木道を渡りながら森を観察する全長180mのキャノピーウォークなど、自然を体感しながら遊ぼう。**DATA**☎0997-49-3232 🏠屋久島町原677-44 ⏰9～17時入園(季節により変動あり) 💴キャノピーウォーク1人1050円ほか(種類により異なる) 🈂水曜(7月20日～8月31日は無休、8月15日は休)、ほか不定休あり 🚗安房港から車で20分 🅿12台 **MAP**P140C4

📷 屋久島環境文化村センター
やくしまかんきょうぶんかむらせんたー

まずはここで屋久島を知ろう

映像や模型を使って自然や文化など、屋久島を多面的に紹介している。宮之浦港からすぐの距離なので、屋久島を訪れるなら、まずココで旬な情報をチェック! **DATA**☎0997-42-2900 🏠屋久島町宮之浦823-1 ⏰9～17時 💴無料(展示ホールと映像ホール観覧は530円) 🈂月曜(祝日の場合は翌日、GW、7月20日～8月31日は無休) 🚗宮之浦港から徒歩5分 🅿50台 **MAP**P141E1

📷 千尋の滝
せんぴろのたき

一枚岩を流れ落ちる壮大な滝

花崗岩の一枚岩を流れ落ちる、落差60mの大瀑布は、屋久島に来たなら一度は見ておきたい名所の一つ。滝の正面にある展望台からは、滝がV字の谷に流れ落ちる様子が見渡せ、自然の雄大さや神秘を感じられる。展望台までは遊歩道が整備されている。**DATA**☎0997-43-5900(屋久島町観光まちづくり課) 🏠屋久島町原 💴🈂見学自由 🚗安房港から車で40分 🅿20台 **MAP**P140C4

🍴 レストラン パノラマ
れすとらん ぱのらま

ひと味違う屋久島料理を召し上がれ

宮之浦の益救(やく)神社通りにあった築50年の商店をリノベーション。屋久島の野菜や地魚などを使ったバーニャカウダ900円やカマンベールチーズのたんかんマーマレード焼き700円など多国籍の創作料理を提供。コース2800円～は前日までの要予約。畳敷きの個室もある。**DATA**☎0997-42-0400 🏠屋久島町宮之浦60-1 ⏰18～23時 🈂水曜 🚗宮之浦港から車で5分 🅿2台 **MAP**P141E2

📷 屋久杉自然館
やくすぎしぜんかん

山に行く前に立ち寄ろう

樹齢1660年の屋久杉や伐採に使用した長さ2mのチェーンソー、トロッコによる屋久杉搬出の迫力ある映像など、屋久杉の長生きの秘密や森と人との関わりをわかりやすく紹介。積雪で折れた1.2t(当時)もの縄文杉「いのちの枝」は必見。**DATA**☎0997-46-3113 🏠屋久島町安房2739-343 ⏰9～17時(入館は～16時30分) 💴600円 🈂第1火曜 🚗安房港から車で7分 🅿20台 **MAP**P141E4

📷 大川の滝
おおこのたき

滝つぼのすぐ近くまで行ける

照葉樹の森に囲まれた山肌を滑るように流れ落ちるこの滝は、日本の滝百選の一つで、落差も約88mと屋久島最大規模。滝つぼのすぐそばまで近づくことができ、特に夏は細かな水滴が降り注いで、天然のクーラーの中にいるようだ。**DATA**☎0997-43-5900(屋久島町観光まちづくり課) 🏠屋久島町栗生 💴🈂見学自由 🚗安房港から車で53分 🅿5台 **MAP**P140A3

🍴 イルマーレ
いるまーれ

島食材満載のイタリアンを

屋久島空港近くのイタリアンレストラン。チーズやハムはイタリアから、野菜やハーブはなるべく自家栽培、魚介も地元のものをというこだわり。アラカルト1500円～(夜は前日までに要予約)。**DATA**☎0997-43-5666 🏠屋久島町小瀬田815-92 ⏰11時30分～15時、18～21時(夜は要予約) 🈂木曜(祝日の場合は前日) 🚗屋久島空港から徒歩2分 🅿10台 **MAP**P141D2

🍴 nomado cafe
のまど かふぇ

スタイリッシュなリノベカフェでほっこり

ノマド（遊牧民）の名のとおり、のんびりとした屋久島時間を過ごせるカフェ。バターチキンカレー1200円やたんかんピール入りのチョコレートブラウニー550円のほか、無農薬しょうがで作ったジンジャーシロップ（120㎖950円〜）も人気。

DATA ☎0997-47-2851 📍屋久島町原565 🕐11時30分〜17時（ランチは〜14時30分LO）🈳水〜金曜（12月中旬〜3月中旬は休業）🚗安房港から車で18分 Ｐ7台 **MAP** P140C4

👜 屋久島観光センター・やくしま市場
やくしまかんこうせんたー・やくしまいちば

旅の仕上げのおみやげはココで

屋久島の特産品の加工品やスイーツ、屋久杉製品、陶器や絵はがき、雑貨まで、屋久島のおみやげが一堂に揃うスポット。宮之浦港まで徒歩でも行ける場所なので、ギリギリまで島を楽しんで帰りに立ち寄ることもできる。☎0997-42-0091 📍屋久島町宮之浦799 🕐9〜18時（季節により変動あり）🈳無休 Ｐ50台🚗宮之浦港から徒歩7分 **MAP** P141E1

♨ 尾之間温泉
おのあいだおんせん

ちょっと熱めの温泉がいい気持ち

地元の人が利用するだけでなく、観光途中や登山の帰りにも気軽に立ち寄れるこの温泉は、約49℃とちょっと熱めの湯が特徴。玉石を敷き詰めた浴槽の底から疲労回復に効果のある硫黄泉がふつふつと湧くかけ流しの温泉に浸かってリフレッシュしよう。**DATA** ☎0997-47-2872 🕐14〜21時（月曜の午前中は〜21時）💴300円🈳月曜の午前中🚗安房港から車で18分 Ｐ30台 **MAP** P140C4

🍵 珈琲 シーサーシーサー
こーひー しーさーしーさー

シーサーと青い海に癒やされよう

県道77号から細い道を海側に向かうと現れる隠れ家カフェ。自家栽培のドラゴンフルーツやパッションフルーツを使った手作りアイスとオーナー自慢のブレンドコーヒーがセットで900円。奥さんが作るユニークな表情のシーサーの置物はおみやげにもオススメ。**DATA** ☎0997-47-3155 📍屋久島町平内319-180 🕐13〜17時 🈳月〜水曜（祝日の場合は営業）🚗安房港から車で28分 Ｐ5台 **MAP** P140B4

👜 HONU
ほぬ

キュートでラブリーなアクセ類

ハートやウミガメ、鹿など、屋久杉や貝殻を使ったキュートな形のアクセサリーや雑貨がたくさん揃う。なかでも夜光貝とよばれる夜光貝を加工したペンダントネックレス5500円〜は、友達へのおみやげだけでなく自分へのプレゼントとして購入するのもいい。**DATA** ☎0997-49-3145 📍屋久島町麦生901-1 🕐10〜18時 🈳木曜🚗安房港から車で12分 Ｐ5台 **MAP** P140C4

♨ 平内海中温泉
ひらうちかいちゅうおんせん

海の中から現れる温泉⁉

海岸の岩場の底から湧く温泉は、普段は海中にあるが干潮の前後2時間は潮が引いて姿を現し、入浴ができるというユニークなもの。入るのは勇気がいるけれど、チャレンジしては？（タオル・水着はNG）。**DATA** ☎0997-43-5900（屋久島町観光まちづくり課）📍屋久島町平内（干潮前後約2時間（荒天時は不可）💴200円（協力金）🈳無休🚗安房港から車で34分 Ｐ4台 **MAP** P140B4

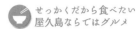
屋久島グルメといえば、新鮮な魚介類と、鹿肉などの山の味覚が有名です。屋久島ならではの一品を堪能しましょう。

和食の海舟
わしょくのかいしゅう

首折れサバのすき焼！

首折れサバ（ゴマサバ）のすき焼2000円〜（要予約）や刺身定食2000円など新鮮な魚介類から郷土料理まである。**DATA** ☎0997-42-1160 📍屋久島町宮之浦2367-7 🕐11時30分〜14時、17時30分〜22時 🈳日曜不定休🚗宮之浦港から車で3分 Ｐ20台 **MAP** P141E2

焼肉れんが屋
やきにくれんがや

登山客に人気の焼肉店

鹿肉料理が好評の創業30年以上の焼肉店。鹿、牛、豚の焼肉、鹿のたたき、屋久島産車エビなどが味わえるれんが屋定食2600円が人気。**DATA** ☎0997-46-3439 📍屋久島町安房410-74 🕐10時30分〜13時（テイクアウトのみ）、17時30分〜21時LO 🈳水曜🚗安房港から徒歩7分 Ｐ30台 **MAP** P141F3

うどんや 屋久どん
うどんや やくどん

大きなトビウオの唐揚げが圧巻

漁協から仕入れたトビウオのメニューのなかでも存分に味わえる屋久どん満喫セット1900円が人気。GWや夏期は早めの来店がベター。**DATA** ☎0997-46-3210 📍屋久島町安房500-46 🕐11時〜14時15分LO 🈳不定休🚗安房港から徒歩5分 Ｐ30台 **MAP** P141F3

屋久島で泊まりたい
上質な宿

独特の時間が流れる屋久島での滞在。
いつしか時間さえも忘れさせてくれそうな、そんな空間でくつろぎましょう。

麦生

さんから ほてるあんどすぱ やくしま

sankara hotel&spa 屋久島

屋久島の森に包まれる
最高級のリゾートステイ

屋久島との共生がテーマのオーベルジュ型のラグジュアリーリゾート。約3万㎡という広大な敷地内にプールやスパなどを備えた本館と、プライベート感を大切にしたヴィラが点在。各客室には担当バトラーがおり、屋久島や九州の食材を使った地産地消のレストランでは、フレンチの名シェフが腕をふるう。

☎0800-800-6007（予約専用）⑫屋久島町麦生萩野上553 ⑳屋久島空港から車で40分 Ｐ29台 ●本館RC＋木造地下1階地上2階、他 ●ヴィラ 29室 ※13歳未満利用不可 ※宿泊費に別途500円サンカラ基金（屋久島自然寄付金）要 **MAP**P140C4

1 高台から海を見晴らすプールで贅沢なひとときを 2 53㎡とゆとりある空間の「サンドラ ヴィラ」 3 屋久島の豊かな自然の要素を取り入れたオリジナルスパ

❊Note
亜熱帯雨林越しに見える風景は、絵画のように美しい。特に、プールサイドから見る夜明けのシーンは圧巻！

····· 料 金（1泊2食付）·····
❖ 平 日 4万3000円～
❖ 休前日 4万3000円～
⏱ IN 15時 OUT 12時

1 屋久杉をふんだんに使ったぬくもりあふれる客室 2 各棟に備わる五右衛門風呂風

湯泊

やくしま うみのこてーじ てぃーだ

屋久島 海の胡汀路 てぃーだ

海絶景のコテージで
自慢の創作料理を味わう

東シナ海を見下ろす高台に、全室離れのロフト付きコテージが4棟並ぶ。各棟には海に面した半露天風呂が備わるほか、洗濯機やキッチンもあるので長期滞在もOK。朝晩の食事は、海を一望できるレストラン棟で。オーナーシェフの手による地産地消をベースにしたコース仕立ての和洋創作料理をいただける。プライベート感も開放感も味わえるリーズナブルな宿だ。

····· 料 金（1泊2食付）·····
❖ 平 日 1万6000円～
❖ 休前日 1万6475円～
⏱ IN 16時 OUT 10時

❊Note
10年以上さまざまなところで修業を積んだシェフが腕をふるう料理は、夜だけでなく朝も日替わりの絶品メニュー。

☎0997-49-8750 ⑫屋久島町湯泊211-52 ⑳安房港から車で36分 Ｐ10台 ●木造ロフト付コテージ ●全4室 ●風呂：各棟に半露天 **MAP**P140B4

源泉かけ流し 部屋食 エステあり 禁煙ルームあり 大浴場あり ひとり宿泊OK

尾之間
じぇいあーるほてるやくしま

JRホテル屋久島

ダイナミックな大海原を眺めつつ美食と良泉を堪能

正面には屋久島三大岩壁の一つモッチョム岳、背景に東シナ海を望むロケーション抜群のホテル。良泉と評判の温泉を源泉かけ流しで楽しめる大浴場もあり、11月中旬〜2月は湯船から大海原に沈む夕日を眺められる。食事は屋久島の山海の味覚を少しずつ味わえる小鉢料理をはじめ、趣向を凝らした和洋折衷の料理を堪能したい。

※例年1月にメンテナンス休館あり。要問合せ

····· 料 金（1泊2食付）·····
┼ 平　日　2万1000円〜
┼ 休前日　2万1000円〜
🕐 IN 15時　OUT 11時

❋Note
とろみのある温泉の湯は美容液に浸かっているような心地よさ。海に面しており、夕日も楽しめる。

☎0997-47-2011 🏠屋久島町尾之間136-2 🚗屋久島空港から車で30分 🅿40台 ●鉄筋5階建て　46室●泉質:アルカリ性単純泉●風呂:内湯2 露天2 MAP P140C4

1 円筒形状の造りのホテル 2 水平線を眺めながら湯に浸れば、まるで海の中にいるよう

尾之間
やくしまいわさきほてる

屋久島いわさきホテル

モッチョム岳が眼前に広がる贅沢なひとときを過ごす

屋久島の中でも特に珍しい形をしたモッチョム岳。そのモッチョム岳を正面に望むように立つホテルがここ。屋久杉を使ったオリジナル家具を使用する客室はすべてバルコニー付きで、モッチョム岳か青い海のどちらかが眺められる。屋久杉をふんだんに使った大浴場には山を望む露天風呂もあり、開放感は抜群！　屋久島の大自然に触れるアクティビティも充実している。

1 雄大なモッチョム岳はそれだけで一枚の絵画のよう 2 大浴場の外には山を望む露天風呂もある

····· 料 金（1泊2食付）·····
┼ 平　日　2万2150円〜
┼ 休前日　2万4350円〜
🕐 IN 14時　OUT 11時

❋Note
全室、インターネットとWi-Fi接続が可能。パソコンを持参すれば好きな時間に屋久島の情報をチェックでき便利。

☎0997-47-3888 🏠屋久島町尾之間1306 🚗屋久島空港から車で35分 🅿50台 ●鉄筋地下1階、地上6階建て　125室●泉質:硫黄泉●風呂:内湯2 露天2 MAP P140C4

小瀬田
じょうもんのやど まんてん

縄文の宿 まんてん

美肌の湯を楽しみながら体も心もリラックスできる

3000坪の広大な敷地内に、宿泊棟やモンゴルのパオをイメージしたコテージ、温泉、食事処などがある温泉旅館。広々とした大浴場やジェットバス付きの露天風呂などを備えた温泉はアルカリ性の美肌の湯だから、肌がすべすべになると人気。また、屋久島の新鮮な海の幸や黒豚を使った料理を味わい、ゆったりとした時間を過ごせば、日頃のストレスも吹き飛びそう。

····· 料 金（1泊2食付）·····
┼ 平　日　1万3200円〜
┼ 休前日　1万4300円〜
🕐 IN 15時　OUT 11時

❋Note
温泉は立ち寄り利用（11〜22時、1600円）もでき、岩盤浴（60分1000円）もある。

☎0997-43-5751 🏠屋久島町小瀬田812-33 🚗屋久島空港から徒歩1分 🅿70台 ●木造RC造混在　コテージ（パオ）10棟●泉質:アルカリ性単純温泉●風呂:内湯2 露天4 MAP P141D2

1 空港から徒歩1分という立地で観光拠点としても最適 2 自然の風や光を感じられる露天風呂

交通ガイド

鹿児島・屋久島への交通

鹿児島へは東京などの主要都市からは飛行機の便数が多く、利用しやすい。
大阪以西からは山陽・九州新幹線の「みずほ」「さくら」の利用も便利。
屋久島へ直行便のない東京や名古屋からは、鹿児島空港で乗り継ぐ。

飛行機でアクセス

▶ 鹿児島へ

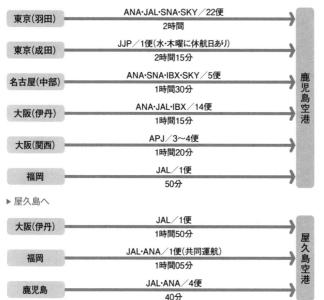

出発地	便	所要時間	到着
東京(羽田)	ANA・JAL・SNA・SKY／22便	2時間	鹿児島空港
東京(成田)	JJP／1便(水・木曜に休航日あり)	2時間15分	
名古屋(中部)	ANA・SNA・IBX・SKY／5便	1時間30分	
大阪(伊丹)	ANA・JAL・IBX／14便	1時間15分	
大阪(関西)	APJ／3～4便	1時間20分	
福岡	JAL／1便	50分	

▶ 屋久島へ

出発地	便	所要時間	到着
大阪(伊丹)	JAL／1便	1時間50分	屋久島空港
福岡	JAL・ANA／1便(共同運航)	1時間05分	
鹿児島	JAL・ANA／4便	40分	

プランニングアドバイス

飛行機は早めの予約で
おトクに乗る!
搭乗日の1年ほど前から発売
するANAの「スーパーバリュ
ー」やJALの「ウルトラ先得」
や「スーパー先得」(4月12日
以降は「スペシャルセーバ
ー」)などで予約すると割引率
が高い。ねだんは空席状況で
も変動する。席数が限られてい
るので、予定が決まったら
早めに予約しよう!

安さならLCCも
おススメ
東京(成田)、大阪(関西)から
はLCCも就航している。既存
の航空会社とは手荷物に別途
料金がかかるなど異なる点も
多いので、確認して予約を。

新幹線・高速バスでアクセス

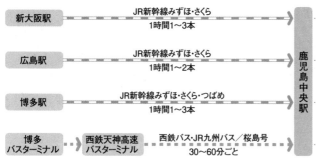

出発地	経路	本数	到着	所要時間／料金
新大阪駅	JR新幹線みずほ・さくら	1時間1～3本	鹿児島中央駅	【みずほ】3時間41～51分／2万2630円 【さくら】4時間03～26分／2万2310円
広島駅	JR新幹線みずほ・さくら	1時間1～2本		【みずほ】2時間19～24分／1万8210円 【さくら】2時間34～50分／1万8000円
博多駅	JR新幹線みずほ・さくら・つばめ	1時間1～3本		1時間18～50分 1万640円
博多バスターミナル ▶ 西鉄天神高速バスターミナル	西鉄バス・JR九州バス／桜島号	30～60分ごと		4時間45～58分 6000円

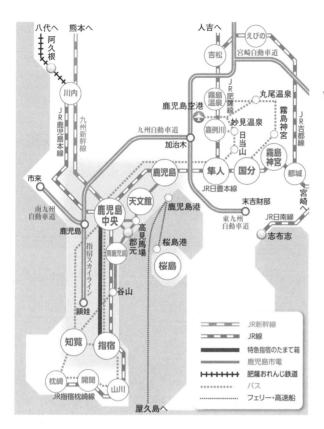

❀おトクなきっぷを活用しよう

●九州ネットきっぷ
九州新幹線・九州内のJR特急の普通車指定席が利用できるネット専用の割引きっぷ。きっぷの受け取り前なら何度でも手数料無料で変更できる（差額の精算は必要）。駅の窓口や指定席券売機できっぷを受け取って乗車する。スマホの予約画面では乗車できないので注意。
- ●福岡市内〜鹿児島中央駅
  1万110円
- ●熊本駅〜鹿児島中央駅
  6540円
- ●宮崎駅〜鹿児島中央駅
  2620円

●指宿レール＆バスきっぷ
鹿児島中央駅〜指宿駅〜西大山駅間を、JRで往復、または片道のみ路線バスを利用する往復きっぷ。片道バス利用のタイプは途中で知覧観光も可能。全車指定席の特急「指宿のたまて箱」にも乗車できる。どちらのタイプも鹿児島中央駅から3150円。2日間有効（バスの利用は1日のみ）。

❀ 空港から各地へのバス

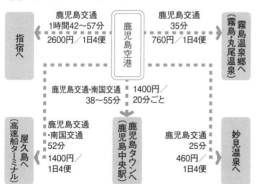

☎ 問合先

鉄道
- ●JR九州（案内センター）
  ☎ 0570-04-1717
- ●JR西日本（お客様センター）
  ☎ 0570-00-2486
- ●鹿児島市交通局（市電）
  ☎ 099-257-2116

バス
- ●西鉄バス（九州高速バス予約）
  ☎ 092-734-2727
- ●鹿児島交通（鹿児島）
  ☎ 099-247-2333
- ●鹿児島交通（指宿）
  ☎ 0993-22-2211
- ●南国交通（空港）
  ☎ 0995-58-2341

- ●南国交通（鹿児島）
  ☎ 099-245-4001
- ●鹿児島市交通局（市バス）
  ☎ 099-257-2117

飛行機
- ●ANA（全日空）
  ☎ 0570-029-222
- ●JAL（日本航空）
  ☎ 0570-025-071
- ●IBX（IBEXエアラインズ）
  ☎ 0570-057-489
- ●SNA（ソラシド エア）
  ☎ 0570-037-283
- ●SKY（スカイマーク）
  ☎ 0570-039-283
- ●JJP（ジェットスター）
  ☎ 0570-550-538
- ●APJ（ピーチ）
  ☎ 0570-001-292

・鹿児島空港から鹿児島中央駅へはバスで約1時間と離れているので、乗り継ぎには余裕をもって出かけたい。鹿児島空港から県内の各地へのバス便は充実しているので上手に利用しよう。

鹿児島での交通

鹿児島の鉄道・バスの起点となるのは九州新幹線が発着する鹿児島中央駅。
鹿児島タウンと桜島へは路面電車や周遊バスでまわろう。

鹿児島市内から各地へ

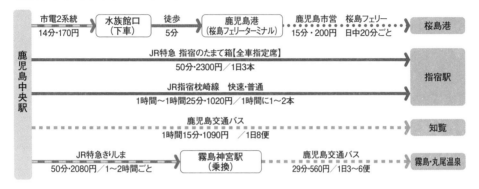

鹿児島中央駅
- 市電2系統 14分・170円 → 水族館口（下車） → 徒歩5分 → 鹿児島港（桜島フェリーターミナル） → 鹿児島市営 桜島フェリー 15分・200円 日中20分ごと → 桜島港
- JR特急 指宿のたまて箱【全車指定席】 50分・2300円／1日3本 → 指宿駅
- JR指宿枕崎線 快速・普通 1時間～1時間25分・1020円／1時間に1～2本 → 指宿駅
- 鹿児島交通バス 1時間15分・1090円／1日8便 → 知覧
- JR特急きりしま 50分・2080円／1～2時間ごと → 霧島神宮駅（乗換） → 鹿児島交通バス 29分・560円／1日3～6便 → 霧島・丸尾温泉

鹿児島市電（路面電車）

市民の足として親しまれている鹿児島市電は、2つの系統の路面電車があり
鹿児島駅前、天文館、鹿児島中央駅などを結んでいる。1回乗車170円。

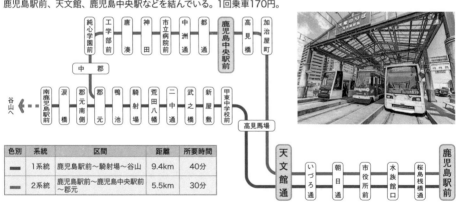

色別	系統	区間	距離	所要時間
▬	1系統	鹿児島駅前～騎射場～谷山	9.4km	40分
▬	2系統	鹿児島駅前～鹿児島中央駅前～郡元	5.5km	30分

周遊バス

鹿児島中央駅発の市内循環コースと、桜島港発の桜島循環コースがある。

カゴシマシティビュー（市内循環バス） 鹿児島市交通局

鹿児島市内の主な観光スポットを周遊するバス。どの停留所からも乗車でき、好きな停留所で下車できる。城山から夜の鹿児島を望む夜景コースもある。

- ●鹿児島中央駅発着 ●所要約80分（30分ごと） ●8時30分～17時30分
- ●1回乗車190円　1日乗車券600円
  ※毎週土曜と、1・8・12月の金曜に、所要時間60分の夜景コースがある（専用の1日乗車券200円）。鹿児島中央駅発19時と20時の2便（12月には増便あり）。

サクラジマアイランドビュー 鹿児島市交通局

桜島港を起点に桜島の主な観光スポットを周遊するバス。1便ごとに国際火山防災センターに寄る便と寄らない便があるが、所要時間は同じだ。

- ●桜島港発着 ●所要約55分（30分ごと）
- ●9時30分～16時30分
- ●1回乗車120円～　1日乗車券500円

定期観光バス

鹿児島中央駅を起点に、公共交通ではまわりづらい指宿・知覧を巡る定期観光バスが土・日曜、祝日に運行されているほか、屋久島にも定期観光バスがある。鹿児島市内や桜島は「カゴシマシティビュー」(☞P130)などを乗り降りして巡ろう。

コース名	内 容	所要／ねだん／問合先
指宿・知覧 めぐり	天文館・鹿児島中央駅から指宿を経由し、長崎鼻、開聞岳、池田湖、知覧を巡る。	鹿児島中央駅発着 8時間10分／4500円 鹿児島交通観光バス ☎ 099-247-6088
A 白谷雲水峡 D ぐるっと一周	安房発着／A＝ボタニカルリサーチパーク、空港、白谷雲水峡、自由昼食、宮之浦港➡D＝永田いなか浜、大川の滝、中間ガジュマル	A＝5時間45分／3500円 D＝3時間55分／3000円 A+D＝9時間40分／5000円 種子島・屋久島交通(屋久島) ☎ 0997-46-2221
B ヤクスギランド ・紀元杉 C 千尋の滝	安房発着／B＝ヤクスギランド、紀元杉、杉匠(昼食別払い)、空港➡C＝屋久杉環境文化村センター、宮之浦港、千尋の滝	B＝6時間50分／3000円 C＝4時間30分／2000円 B+C＝9時間25分／4000円 種子島・屋久島交通(屋久島) ☎ 0997-46-2221

鹿児島から船で屋久島へ

屋久島へは飛行機のほか、ジェットフォイル(高速船)やフェリーで渡ることができる。船は季節によって時刻が変わったり、天候の影響も受けやすいので事前に状況を確認しよう。また、乗り場も前もってしっかり確認を。

高速船(種子屋久高速船) 「トッピー」／「ロケット」

高速船旅客ターミナル	直行便1時間50分 1万2000円 1日3便 ※指宿または種子島(西之表)経由の便(2~3時間)もある	屋久島(宮之浦港)

高速船旅客ターミナル	2時間30~40分 1万2000円 1日2便 ※種子島(西之表)経由	屋久島(安房港)

＜高速船旅客ターミナル(鹿児島本港)へのアクセス＞

鹿児島空港	空港リムジンバス 52分 1400円	📍高速船ターミナル

鹿児島中央駅	南国交通バス「ドルフィン号」 16分 160円(タクシーで15分)	📍高速船ターミナル

フェリー(折田汽船)フェリー屋久島2

鹿児島本港(南埠頭)	4時間 5600円 1日1便 8:30発 ... 12:30着	屋久島(宮之浦)

☎ 問合先

フェリー・船
●種子屋久高速船 (トッピー／ロケット) ☎ 0570-004015
●折田汽船 (フェリー屋久島2) ☎ 099-226-0731

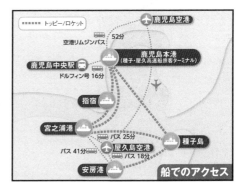

船でのアクセス

鹿児島の知っておきたい エトセトラ

南国の香り豊かな鹿児島。グルメやイベントなど
事前に予習をしておくと、旅がグッと楽しくなります。

祭り・イベント

古くから続く伝統行事や平成の時代にスタートしたイベントまで、一年を通して多彩な祭りやイベントが開催されている鹿児島県。時期を狙って訪れるのもおすすめです。

旧暦1月18日を過ぎた最初の日曜日
初午祭

鹿児島神宮で行われる祭りで、首にたくさんの鈴をつけた馬がお囃子に合わせてステップを踏むさまはまるで踊っているかのよう。

問合せ ☎0995-64-0895
（霧島市観光PR課）

5月中旬～6月上旬
奥薩摩のホタル舟運航

夜の川内川を棹差し舟で下りながらのホタル観賞。ホタルの光が川岸に舞う幻想的な雰囲気を楽しめる。

問合せ ☎0996-53-1111（さつま町商工観光PR課）

7月15・16日
照國神社の六月灯

鹿児島の夏の風物詩・六月灯。照國神社では島津斉彬の命日7月16日とその前日に行われる。県内最大規模の約1000個の灯籠が境内を鮮やかに彩る。

DATA ☞P32

7月第3土曜
知覧ねぷた祭

青森県で有名なねぷた祭を知覧で再現。大小7基のねぷただが「ヤーヤドー」のかけ声とともに勇壮に街を練り歩くさまは圧巻。

問合せ ☎0993-83-2511
（南九州市商工観光課）

9月22日 川内大綱引

長さ365m、重さ7tもある巨大な綱を、約3000人の若者たちが引き合う迫力ある祭り。慶長年間（1596～1614）に始まったと伝わる。

問合せ ☎0996-21-1851
（川内大綱引保存会）

11月 仙巌園菊まつり

菊人形や色とりどりの菊が園内を華やかに彩る、仙巌園秋の風物詩。期間中は野田島津太鼓の演奏など多彩なイベントも開催される。

問合せ ☎099-247-1551（名勝 仙巌園）

11月2・3日 おはら祭

天文館通り約1.5kmを「おはら節」や「ハンヤ節」に合わせて2万人を超す踊り連が練り歩く、南九州を代表する祭り。

問合せ ☎099-808-3333
（サンサンコールかごしま）

12～1月 天文館ミリオネーション

天文館に「光の万華鏡」をテーマに色彩豊かなイルミネーションが登場。100万球の電球が作り出す光の空間を楽しもう。

問合せ ☎099-808-3333
（サンサンコールかごしま）

なるほど！桜島

鹿児島観光の重要スポット・桜島。噴火活動が気になるときは、桜島ビジターセンター（☞P46）のHPをチェック。

噴火口は2つある
南岳山頂火口と平成16年（2006）に60年ぶりに活動を再開した昭和火口の2つ。南岳の8合目付近に位置し、現在、頻繁に噴煙を上げているのが昭和火口だ。

天気予報では風向き予報も
鹿児島では気象予報以外に「桜島上空の風向き」予報もある。噴火した場合、どの方向に灰が降るかを知る大事な情報なのだ。

爆発的噴火と噴火の違いは？
桜島の場合、1000m以上噴煙が上がったら「噴火」、火山性地震や噴石の飛来などを伴う噴火を「爆発的噴火」とよぶ。2020年1月1日～10月22日の間に398回噴火したが、このうち197回が爆発的噴火だった。

市民に配られる黄色い袋とは？
黄色に黒い文字で「克灰袋」と書かれてある。この袋に庭などに積もった灰を入れて指定の場所に出しておくと、収集車が回収してくれる。鹿児島市のほぼすべての世帯に配布される。

コンビニの色が違う!?
桜島港近くにファミリーマート、ローソンがあるが、おなじみのカラーではなく、茶色をベースとした外観。桜島の景観を損なわないようにとの配慮からだそう。記念撮影する観光客もいるほどだ。

温暖な気候、豊かな土壌をもつ鹿児島は、農業・畜産業が盛ん。せっかく鹿児島を訪れたなら、全国的にも認められた質のいい食材を使った料理を存分に味わってほしい。また水揚げされる魚種も豊富、一年中おいしい魚を味わえる。

鹿児島黒牛

「第11回全国和牛能力共進会」で総合優勝！きめ細かな美しい霜降りならではのまろやかなコクとうま味が特徴。

かごしま黒豚

鹿児島の豊かな自然のなかでのびのびと育てられた肉質は、「やわらかく、歯切れがよく、うま味がある」と県内外で評判の逸品。

サツマイモ

鹿児島といえば、もちろんコレでしょう。甘みがありホクホクとした味わいが人気。

空豆

生産量日本一、全国で圧倒的なシェアを占める「豆王国・鹿児島」の代表品目。

カンパチ

養殖生産量日本一。平均水温が22℃の温暖な錦江湾で育ったカンパチは味・品質で高い評価を得ている。

キビナゴ

薩摩料理には欠かせない食材。ニシン科の小魚で体長は10cmほど。鹿児島ではキビナゴの刺身は酢味噌で味わうのが定番。

天孫降臨の地・霧島に伝わる七不思議。突然吹く風や、急に増水、枯渇する川など不思議がいっぱい。

① 亀石 (かめいし)

霧島神宮の旧参道にある岩は、その昔、参拝に訪れた亀だとも言われればそんな形をしている。

② 風穴 (かざあな)

旧参道にある木の根元の岩穴から以前は弱い風が吹き出していたそうで、霧島の山中では今でも同じような現象が起こるとか。

③ 両度川 (りょうどがわ)

6月ごろから水かさが増し、10日間ほど流れた後涸れ、数日後再び水が流れだし、9月ごろには完全に涸れる。同じ時期に決まって2度流れるということでこの名がついた。

④ 蒔かずの種 (たね)

霧島山中で、種が蒔かれていない場所に陸稲が生えることがあるという。天孫降臨のときに高天原から持ってきた種が自然に育ったといわれている。

⑤ 御手洗川 (みたらしがわ)

毎年5月ごろに突然大量の水が湧き出し、11月ごろには涸れてしまう不思議な川。

⑥ 夜中の神楽 (よなか かぐら)

霧島神宮が現在の場所に遷宮した際、神楽が鳴り響いたとの伝説が残る。今でも社殿の奥で、深夜に神楽のような音が聞こえるらしい。

⑦ 文字岩 (もじいわ)

人の力では動かせない大きさの岩が真ん中から割れており、その割れ目をのぞくと梵字のようなものが彫られているとか。

帽子

日除けや頭部保護のために持っておくと便利。夏はメッシュ素材のものを、秋・冬はウールやフリース素材のものなど季節で使い分けて。

長袖シャツ・防寒具

肌の保護や虫除けのためにも速乾性のある長袖を着用しよう。春先や秋には防寒具も持参したほうがいい。

ズボン

肌の保護や虫除けに長ズボンまたは山用のキュロット＋スパッツを。速乾性のストレッチ素材で作られた登山用のものがいい。

ザック

日帰りなら15〜20ℓ程度の大きさが目安。取り出すことが多い地図やカメラはウエストポーチにまとめると両手が使えて便利。

ソックス

薄手のものはマメや靴擦れができやすいので、登山用の厚手のものを。ない場合は2枚重ねて履いてもいい。

靴

防水透湿性素材の登山靴かトレッキングシューズがベスト。新品なら事前に何度か履いて足を慣らしておこう。

旅先で耳にしそうな鹿児島弁をピックアップ！

おやっとさぁ → お疲れ様
わっぜ → すごい
ずんばい → たくさん
だれやめ → 晩酌
つっきゃげ → さつま揚げ
しょっ → 焼酎

 鹿児島で大根といえば桜島大根！と思われていますが、地元のスーパーで見かけることはほとんどない。食べるとして加工された漬物や少し。

D　薩摩吉田ICへ　始良駅へ　E　F

10

広域図
折込表
D3〜4

鹿児島タウン

0　　　500m N
徒歩7分

1

日向街道（高岡防）

JR日豊本線

名勝 仙巌園
P.20・38・49

P.41 尚古集成館

仙巌園
（磯庭園）前

仙巌園前

薩摩ガラス工芸 P.78

異人館前

滝之神

異人館

島津薩摩切子ギャラリーショップ 磯工芸館 P.41

異人館前

旧鹿児島紡績所技師館（異人館）P.40

磯海水浴場

16

磯天神
菅原神社

磯・磯トンネル

キイレツチトリモチ産地

清水町

水小

2

石橋記念公園 P.20・49

10

春日町

祇園之洲公園

祇園之洲大橋

石橋
記念公園前

10

かんまちあ

鹿児島湾
（錦江湾）

桜島フェリー

いおワールド
かごしま水族館 P.21・28

方崎

小池

3

方崎

ふ頭旅客ターミナル

奄美海運（奄界島・奄美・沖永良部へ）

桜島自然恐竜公園

鹿児島港本港区

桜島港

桜島

桜島港フェリーターミナル

コスモライン（種子島へ）、三島村営（竹島、硫黄島へ）
ーミナル

レインボービーチ

折田汽船（屋久島へ）、
十島村営（トカラ列島へ）

桜島マグマ温泉

旬彩館前

月読神社 P.48

P.46「桜島」溶岩なぎさ公園足湯

26

奄美大島へ）

P.46 桜島ビジターセンター

ビジターセンター

待腰

道の駅
「桜島」火の島めぐみ館
P.48・75

種子屋久高速船（指宿・種子島・屋久島へ）

桜島溶岩グラウンド

レインボー
桜島

桜島

国民宿舎レインボー桜島

桜島総合
本育館

鹿児島市

P.46 桜島溶岩なぎさ遊歩道

4

児島港新港区

P.47 烏島展望所

224

マリックスライン、
マルエーフェリー
（奄美、沖縄へ）

烏島展望所

大正溶岩

奄美・沖縄
フェリーターミナル

赤水・古里温泉へ

D　E　F

アミュプラザ鹿児島
炭焼き初代 はぜる P.56
遊食豚彩いちにぃさん アミュプラザ鹿児島店 P.61
ざぼんラーメンアミュプラザ店 P.64
天文館むじゃき アミュプラザ店 P.67

みやげ横丁 ぐるめ横丁
鶏料理みやま本舗 鹿児島中央駅店 P.56
ざぼんラーメン 鹿児島中央駅店 P.65
薩摩菓子処 とらや・霧や櫻や 鹿児島中央駅店 P.73
鹿児島銘品蔵 P.73
PATISSERIE YANAGIMURA 鹿児島中央駅店 P.73

鹿児島中央駅～天文館

0　　　　　　200m
徒歩約3分

広域図 P.134 A3～C4

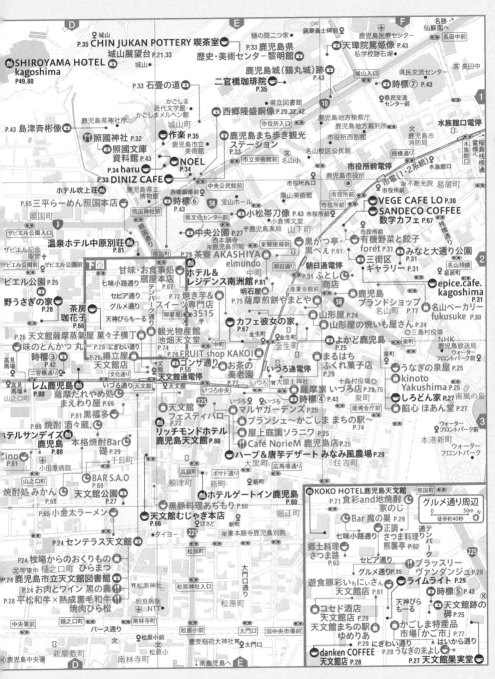

鹿児島

0　　　1km

指宿とその周辺

0 — 2km

広域図
折込表
D4～E6

指宿駅周辺

鹿児島中央駅へ
二月田駅へ

C 指宿港 鹿児島へ

黒豚と郷土料理
青葉 P.103

ハイビスカス
ロード

指宿港待合所

鹿児島湾

渡邊通り
湊二丁目
駅前入口
指宿駅

さつま味 P.103

時遊館
COCCO
はしむれ

泊

指宿温泉ホテル翔月 P.114

指宿民宿 千成荘

里の温泉旅館

湯の浜

指宿橋牟礼川
遺跡歴史公園

いぶすき秀水園 P.113

指宿丈六
簡易市

指宿市

国立病院前

砂むし会館
砂楽 P.102

旅館月見荘

夫婦露天
風呂の宿
吟松 P.114

指宿海上ホテル
指宿いわさきホテル

指宿
いわさきホテル

指宿市下里町

指宿医療センター前

指宿ロイヤル
ホテル P.114

指宿フェニックス
ホテル P.114

五人番

指宿駅周辺

0 500m
徒歩約7分

メインマップ

平川町

590 ▲ 熊ヶ岳

A 谷山へ
鹿児島市
平川動物公園へ

五位野駅へ
錦江湾公園へ

B

川辺

錦江湾高

平川駅

鎌塚山▲

鳥帽子岳▲

瀬々串駅

鹿児島湾
（錦江湾）

知覧

知覧CC

中名駅

喜入総合運動場

道の駅喜入

喜入駅

喜入寺前

南方神社

山之神神社

前之浜駅

母ヶ岳
517 ▲

知覧武家屋敷庭園群
P.108,110

知覧特攻平和会館 P.109

多目的球場

中岳▲

荒岳

喜入CC

小田代

中福良小

南九州市

頴娃

南九州市役所

南方神社

浮辺

浮辺小

種子尾山
▲497

鹿児島市

533 ▲ 唐牧岳

尾巡山
577

牧神社山

兵見岳

吉見山

殿ヶ峰

三巣山

薩摩今和泉駅

松木城跡

今徹神社

高江山

生見駅

道の駅いぶすき

指宿岩本

鳥越トンネル

鬼門平▲

池田湖パラダイス P.107

大野岳
▲466

鳥帽子岳
363▲

宮ヶ浜駅

大園駅

魚見小

知林ヶ島

休暇村
指宿

指宿白水館
P.112

魚見岳▲215

潟山
運動公園

指宿港待合所

屋久島へ

鹿児島へ

指宿温泉こらんの湯
錦江楼 P.114

指宿こころの宿 P.114

石垣駅

水成川駅

頴娃大川駅

釜蓋神社 P.106
（射楯兵主神社）

番所鼻
番所鼻自然公園

御領宮

西頴娃駅

頴娃運動公園

頴娃駅

きらら館
観光案内所

入野駅

東開聞駅

薩摩川尻駅

かいもん市場久太郎
いぶすきGC開聞コース

開聞岳

田ノ神

開聞山麓
自然公園

開聞岬

東シナ海

霧島錦江湾国立公園

花瀬崎

長崎鼻

池田湖

温泉水プール＆夫婦露天風呂の
離れ宿 悠離庵

別邸 天降る丘 P.114

池田湖 P.106

指宿市営唐船峡そうめん流し
P.106

唐船峡

鰻尾池

鰻温泉

成川トンネル

山川駅

辻之岳

大山

開聞岳

開聞山麓
自然公園

薩摩川尻駅

白露酒造 P.71

西大山駅 P.105

徳光神社 P.73

フラワーパークかごしま P.107

龍宮神社 P.107

長崎鼻 P.107

二月田駅

指宿
市役所

玉利温泉前

十二町

成川温泉

指宿港

山川天然砂むし温泉
指宿温泉

指宿港待合所

指宿駅周辺

大山崎

山川高

山川港

山川桟橋

金比羅宮

道の駅山川港活お海道

ヘルシーランド露天風呂
たまて箱温泉 P.107

山川砂むし温泉 砂湯里 P.102

ソテツ自生地

赤水鼻

根占へ

鹿児島へ

139

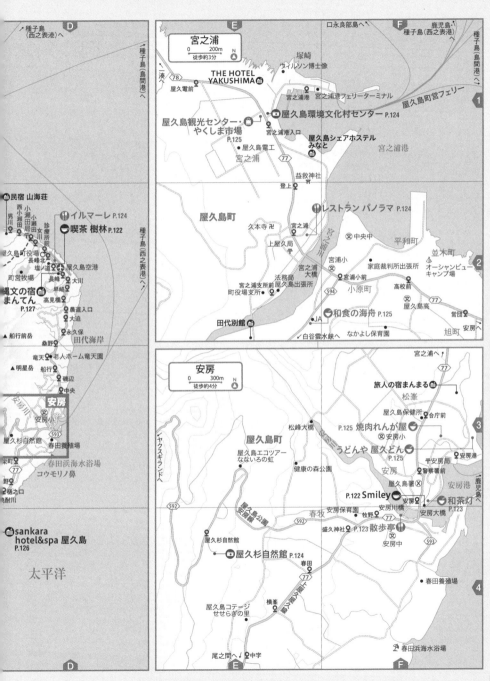

観光みどころ　プレイススポット　レストラン・食事処　カフェ・喫茶　居酒屋・BAR　みやげ店・ショップ　宿泊施設

🏠 立ち寄り湯・スパ

143

ココミル＋

鹿児島 霧島 指宿 屋久島

九州❸

楽しい旅へ
出かけよう♪

2023年3月15日初版印刷
2023年4月1日初版発行

編集人：浦井春奈
発行人：盛崎宏行
発行所：JTBパブリッシング
　　　　〒162-8446　東京都新宿区払方町25-5

編集・制作：情報メディア編集部
編集スタッフ：齋藤真歩
取材・編集：K&Bパブリッシャーズ／ TJカゴシマ（浜川ゆかり・齊藤賢吾）／
黒木小百合／田中小百合／大保瑞穂／佐川印刷

アートディレクション：APRIL FOOL Inc.
表紙デザイン：APRIL FOOL Inc.
本文デザイン：K&Bパブリッシャーズ／ APRIL FOOL Inc. ／
金澤健太郎／ユカデザイン／ Boogie Design ／
ジェイヴイコミュニケーションズ
イラスト：平澤まりこ
撮影・写真協力：アフロ（片岡巌）／関係各市町村観光課・観光協会／
リアライズ／（株）ゼネラルアサヒ／ PIXTA
地図：ゼンリン／千秋社／ジェイ・マップ
組版・印刷所：凸版印刷

編集内容や、商品の乱丁・落丁の
お問合せはこちら

JTB パブリッシング お問合せ

https://jtbpublishing.co.jp/
contact/service/

本書に使用した地図は以下を使用しています。
測量法に基づく国土地理院長承認（使用）R 2JHs 293-098号、R 2JHs
294-048号

●本書掲載のデータは2023年1月末日現在のものです。発行後に、料金、営
業時間、定休日、メニュー等の営業内容が変更になることや、臨時休業等で利
用できない場合があります。また、各種データを含めた掲載内容の正確性に
は万全を期しておりますが、お出かけの際には電話等で事前に確認・予約さ
れることをお勧めいたします。なお、本書に掲載した内容による損害賠償等
は、弊社では保障いたしかねますので、予めご了承くださいますようお願い
いたします。●本書掲載の商品は一例です。売り切れや変更の場合もあります
ので、ご了承ください。●本書掲載の料金は消費税込みの料金ですが、変更さ
れることがありますので、ご利用の際はご注意ください。入園料などで特記の
ないものは大人料金です。●定休日は、年末年始・お盆休み・ゴールデンウィ
ークを省略しています。●本書掲載の利用時間は、特記以外原則として開店
（館）～閉店（館）です。オーダーストップや入店（館）時間は通常閉店（館）時
刻の30分～1時間前ですのでご注意ください。●本書掲載の交通表記におけ
る所要時間はあくまでも目安ですのでご注意ください。●本書掲載の宿泊料

金は、原則としてシングル・ツインは1室あたりの室料です。1泊2食、1泊朝食、
素泊に関しては、1室2名で宿泊した場合の1名料金です。料金は消費税、サ
ービス料込みで掲載しています。季節や人数によって変動しますので、お気を
つけください。●本誌掲載の温泉の泉質・効能等は、各施設からの回答をもと
に原稿を作成しています。

本書の取材・執筆にあたり、
ご協力いただきました関係各位に厚くお礼申し上げます。

おでかけ情報満載　https://rurubu.jp/andmore/

223222　280232
ISBN978-4-533-15255-9 C2026
©JTB Publishing 2023
無断転載禁止　Printed in Japan
2304